*Mais poder tem o sábio do que o forte,
e o homem de conhecimento mais do que o robusto.*

Provérbios 24.5

Leitura Dinâmica
e Memorização

RICARDO SOARES
WILLIAM DOUGLAS

Leitura Dinâmica e Memorização

Como multiplicar a velocidade, a compreensão e a memorização de informações

18ª edição, revista e atualizada

Niterói, RJ
2025

© 2025, Editora Impetus Ltda.

www.williamdouglas.com.br

Editora Impetus Ltda.
Rua Alexandre Moura, 51 – Gragoatá – Niterói – RJ
CEP: 24.210-200 – Telefax: (21) 2621-7007

Conselho Editorial:
Ana Paula Caldeira • Benjamin Cesar de Azevedo Costa
Celso Jorge Fernandes Belmiro • Ed Luiz Ferrari • Eugênio Rosa de Araújo
Fábio Zambitte Ibrahim • Fernanda Pontes Pimentel
Izequias Estevam dos Santos • Marcelo Leonardo Tavares
Renato Monteiro de Aquino • Rogério Greco
Vitor Marcelo Aranha Afonso Rodrigues • William Douglas

Editoração Eletrônica: Sbnigri Artes e Textos Ltda.
Capa: L. Felipe Silva.
Ilustrações: Bruno Pimentel/Rodrigo Siqueira.
Revisão de Português: Marlon Magno/Carmem Becker.
Impressão e encadernação: Vozes Gráfica e Editora Ltda.

4ª tiragem

S676l

    Soares, Ricardo Antonio Bueno
    Leitura dinâmica e memorização: como multiplicar a velocidade, a compreensão e a memorização de informações / Ricardo Soares & William Douglas. – 18. ed. rev. e atual. – Niterói, RJ: Impetus, 2025.
    256 p. ; 16 cm x 23 cm.

    "Inclui o novo item sobre memorização de nomes e fisionomias"

    ISBN: 978-65-86044-33-1

    1. Leitura dinâmica. 2. Mnemônica. I. Douglas, William, 1967 – II. Título.

                                                CDD- 418.43

O autor é seu professor; respeite-o: não faça cópia ilegal.

TODOS OS DIREITOS RESERVADOS – É proibida a reprodução, salvo pequenos trechos, mencionando-se a fonte. A violação dos direitos autorais (Lei nº 9.610/1998) é crime (art. 184 do Código Penal). Depósito legal na Biblioteca Nacional, conforme Decreto nº 1.825, de 20/12/1907.

A **Editora Impetus** informa que quaisquer vícios do produto concernentes aos conceitos doutrinários, às concepções ideológicas, às referências, à originalidade e à atualização da obra são de total responsabilidade do autor/atualizador.

www.impetus.com.br

Dedicatória do 1º Autor

Dedico este livro a minha família, que me apoiou em todas as decisões que tomei na vida; a minha mulher, Márlie, e a meus filhos, Renan e Rodrigo, cujos sorrisos têm sido a minha maior fonte de inspiração para encontrar no conhecimento o caminho da felicidade.

Ricardo Soares

Dedicatória do 2º Autor

Dedico este livro a minha mãe, que me alfabetizou, e a meu pai; juntos, me ajudaram a descobrir que o conhecimento abre novos horizontes para quem estuda; a qualquer amigo, que comigo leia as novidades que cada dia traz.

Dedico, em especial, aos meus filhos, Fernanda Luísa, Lucas e Samuel, querendo poder ler em seus olhos alegria.

William Douglas

Agradecimentos do 1º Autor

A todos que, por terem sido meus alunos, presentearam-me com um pouco do seu saber.

Ao Dr. William Douglas, pelo privilégio de poder partilhar com ele os conhecimentos que tornaram possível a realização desta obra.

À RM Consultoria, pelo brilhante trabalho que vem realizando em treinamento e educação profissional.

À Sociedade Foto-Vivência, pelos projetos desenvolvidos para a melhoria do homem nas suas relações com a sociedade, o trabalho e o meio ambiente.

À Petrobras, pelos anos de parceria; e a todos os amigos e coordenadores, pelo profissionalismo com que conduziram os trabalhos.

Às Faculdades Integradas de Jacarepaguá e à Universidade Antônio de Nebrija, que fazem da relação Brasil/Espanha um *case* de sucesso.

Às Faculdades Integradas Simonsen, pelo apoio emprestado ao desenvolvimento da leitura dinâmica e a esta obra.

À Escola Superior de Polícia Militar, que, pela visão da vanguarda, prepara com excelência os profissionais de segurança pública.

Aos amigos e colaboradores: Rosa Maria L. Ramos, Paulo Bochetti, Raimundo Costa, Gisele C. Pires, Jorge Martinez, Mariudes Swollwo, Carlos Seabra, Jorge Fernandes e a todos aqueles que fazem do trabalho sério e consciente uma realização de grande prazer.

Agradecimentos do 2º Autor

A Deus, que nos concede a cada dia novas chances de sermos melhores.

Ao Professor Ricardo Soares, por dividir comigo a tarefa de ajudar quem quer ler melhor e mais rápido.

À UNIVERSO – Universidade Salgado de Oliveira e à FOLHA DIRIGIDA, pelo trabalho que desenvolvem em prol da Educação.

À CONSULEX e aos parceiros que tornam mais fácil aperfeiçoar e divulgar boas ideias.

Aos amigos Osmar, Osmar Filho e Luiz Carlos.

Ricardo Antônio Bueno Soares

Estando convicto da abrangência e da imperiosidade do uso das técnicas de Leitura Dinâmica e Memorização Aplicada nas mais diversas áreas de atividade e, também, tendo a certeza de estar contribuindo para o aprimoramento de aptidões humanas, o Professor Ricardo Soares vem proferindo palestras, ministrando cursos e desenvolvendo seminários usando a metodologia de cunho prático, embasada na experiência de sujeito, que envolve os treinandos em desafios que simulam situações em que as técnicas são aplicadas.

O autor, desde 1987, desenvolve cursos nas áreas Gerencial, Administrativa e Técnica. Doutorando em Ciências da Educação, Mestre em Ciências Empresariais, Pós-Graduado em Docência do Ensino Superior e Graduado em Administração de Empresas, atua como docente e coordenador em cursos de pós-graduação. Atualmente é Professor pesquisador convidado da Escola Politécnica da UFRJ. Conferencista e facilitador em cursos sobre Mudança, Carreira e Trabalho. Consultor Empresarial em Planejamento Estratégico, Gestão e Produtividade.

Possui mais de vinte anos de experiência em consultoria de desenvolvimento gerencial, atuando em empresas de médio e grande porte. É Professor do MBA de Gestão e gerenciamento de Projetos (*Master in Project Management*) da UFRJ. Gestor em projetos de sistemas de gerenciamento de informações. Possui certificação profissional em gestão de projetos IPMA-D. Coach empresarial com especialização em Coaching Group.

Autor do livro *Leitura Dinâmica*, publicado pela Editora Campus, e membro do conselho editorial da Editora Impetus. Foi o responsável pela introdução e implementação do treinamento de Leitura Dinâmica e Memorização Aplicada na Petrobras, tendo atuado ainda como consultor de Treinamento e Desenvolvimento em empresas, entre as quais citam-se as seguintes: GSK-GlaxoSmithKline, Café Pimpinela, APSA, Leroy Merlyn, Fiocruz, Shell do Brasil, Alied Domec, DFL, Queiroz Galvão, Transmagno, Unimed, Lamsa, Pan Saint Gobain, Claro, Siemens, Transpetro, Previ.

- Professor Universitário
- Coordenador de cursos de pós-graduação em Neurociências e Gestão e Tecnologias educacionais.
- Embaixador Mentor da Rede Global de Mentores.
- Fundador e coordenador adjunto da comissão especial de Portfólios, programas e Projetos do CRA (Conselho Regional de Administração – RJ).

- Consultor e Palestrante Empresarial
- Administrador de Empresas
- Mestre em Ciências Jurídicas e Empresariais
- Pós-graduado em Docência do Ensino Superior
- Especialista em Leitura Dinâmica e Memorização Aplicada
- Vice-presidente da IPMA (International Project Management Association) Brasil

Livros organizados:
- CARINO C.; SOARES, R. A. B. *Técnicas de apresentações:* como planejar, organizar e enriquecer suas apresentações. Rio de Janeiro: Impetus, 2004. v. 1, p. 68.
- DALLEDONNE, J.; SOARES, R. A. B. *Indicadores empresariais:* como garantir a governabilidade do negócio. Rio de Janeiro: Impetus, 2004. v. 1, p. 183.
- MONTENEGRO, E.; SOARES, R. A. B. *Desafios gerenciais.* Rio de Janeiro: Impetus, 2003. v. 1, p. 153.
- ROCHA, L. C.; SOARES, R. A. B. *Vendas criativas:* como levar o cliente do desejo à ação. Rio de Janeiro: Impetus, 2004. v. 1, p. 137.
- RODRIGUES, M. V. P.; SOARES, R. A. B. *Entrevistas de seleção.* Rio de Janeiro: Impetus, 2004. v. 1, p. 112.

PARTICIPAÇÃO COMO CONSULTOR/ FACILITADOR/ PALESTRANTE EM EVENTOS DAS SEGUINTES INSTITUIÇÕES E EMPRESAS
- SMF – Secretaria Municipal de Fazenda do Estado do Rio de Janeiro.
- Empresa Brasileira de Correios e Telégrafos.
- PETROBRAS.
- CADEMP – Fundação Getulio Vargas.
- UFRJ – Universidade Federal do Rio de Janeiro.
- UERJ – Universidade Estadual do Rio de Janeiro.
- IDP – Instituto Brasiliense de Direito Público.
- IBEF – Instituto Brasileiro de Executivos de Finanças.
- Incubadora Afro-Brasileira.
- APPAI – Associação Beneficente dos Professores Públicos Ativos e Inativos do Estado do Rio de Janeiro.

- TRASNMAGNO Soluções Logísticas.
- TJBA – Tribunal de Justiça do Estado da Bahia.
- EMERJ – Escola de Magistratura do Estado do Rio de Janeiro.
- GLAXOSMITHKLINE.
- CART – Concessionária Auto Raposo Tavares.
- ESAJ – Escola de Administração Judiciária.
- 10ª CRE. Coordenadoria Regional de Educação do Rio de Janeiro.
- Escola Superior de Polícia Militar do Rio de Janeiro.
- CETEM – Centro de Tecnologia Mineral.
- APSA – Gestão Condominial.
- Unimed Sul Capixaba.
- GRUPO SOLUÇÃO – Cachoeiro do Itapemirim.
- Queiroz Galvão Óleo & Gás.
- LAMSA – Linha Amarela S/A.
- LEROY MERLIN.
- CRECI-RJ – Conselho Regional dos Corretores de Imóveis do Rio de Janeiro.
- UNIVERSEG – Universidade Corporativa Bradesco Seguros.
- IST-RIO – Instituto Superior de Tecnologia em Ciências da Computação.
- INPI – Instituto Nacional da Propriedade Industrial.

William Douglas Resinente dos Santos

- Desembargador Federal/TRF2.
- Professor Universitário, ex-professor da UFF (concursado, cargo efetivo), professor em diversas universidades públicas e privadas.
- Professor Pesquisador-associado na UFMT, no Grupo "NUPEDIA: teoria e a prática do Direito com reflexos na justiça exponencia".
- Mestre em Direito pela Universidade Gama Filho – UGF.
- Pós-graduado em Políticas Públicas e Governo – EPPG/COPPE/UFRJ.
- Bacharel em Direito, pela Universidade Federal Fluminense – UFF.
- Conferencista da Escola da Magistratura do Estado do Rio de Janeiro – EMERJ.
- Doutor *honoris causa* da ESA – Escola Superior de Advocacia – OAB/RJ.
- Já ministrou aulas nos cursos de educação continuada da Escola de Pós-Graduação em Economia da Fundação Getulio Vargas – EPGE/FGV.
- Conferencista em simpósios, seminários, empresas, universidades e cursos preparatórios.
- Membro das Bancas Examinadoras de Direito Penal dos V, VI, VII e VIII Concursos Públicos para Delegado de Polícia/RJ, presidindo algumas delas.
- Conferencista em simpósios, seminários, empresas, universidades e cursos preparatórios.
- Autor de artigos publicados na imprensa e em revistas especializadas, além de consultorias (Jornais: *O Globo, Jornal do Brasil, O Estado de S.Paulo, Folha de S.Paulo, Zero Hora, O Dia, Jornal do Commercio, O Fluminense, Folha Dirigida, JC Concursos, Tribuna da Imprensa, Correio Braziliense, A Gazeta*, entre outros; Revistas: *Veja, Você S.A., Piauí, Revista dos Tribunais, Doutrina/ID, Revista de Direito Tributário*/Malheiros, *In Verbis/IMB, Consulex, ADCOAS, ADV-COAD, Justilex* e das Revistas de Direito do IEJ, Defensoria Pública, AJUFE, TRF da 1ª Região, Justiça Federal/RJ, entre outras).
- Colunista do jornal *O Fluminense*, dos sites Correioweb, Jornal dos Concursos, UOL, Instituto IPC, revista Geração JC e outros.
- Apontado como o maior especialista em aprovação em provas e concursos pelo Jô Soares, *Veja, Exame, Você S.A., Revista Piauí*, programa Fantástico, jornal *Valor Econômico* etc.
- Primeiro lugar nas principais listas de livros mais vendidos: *Você S.A., Veja, Valor Econômico, Folha de S.Paulo*.
- Indicado como um dos livros mais vendidos de 2013 pela Revista *Veja*.
- Já exerceu as atividades de Advogado, Delegado de Polícia, Defensor Público, Professor de Direito Processual, na Universidade Federal Fluminense – UFF e Professor em vários cursos preparatórios.
- Atuou como Juiz da 2ª Turma Recursal dos Juizados Especiais Federais – SJ/RJ (2001/2002).

- Organizador de seminários e cursos sobre Direito Constitucional, Direito Administrativo, Técnicas de Otimização de Estudo e Mudanças no Mundo do Trabalho.
- Autor de vários estudos na área jurídica, como a Proposta de Criação dos Juizados Especiais Federais (1994) e a Tese da Legítima Defesa Antecipada, já referida por Juarez Tavares, Rogério Greco e Julio Fabbrini Mirabete.
- Membro da Diretoria da Associação dos Juízes Federais do Brasil – AJUFE – (Conselho Fiscal e Diretor Adjunto da Revista *Direito Federal*), nos biênios 2000/2002 e 2002/2004.
- Atua eventualmente como consultor *ad hoc* do Centro de Estudos Judiciários, do Conselho da Justiça Federal (STJ), emitindo pareceres sobre artigos enviados para publicação.
- Membro da Academia Evangélica de Letras do Brasil – AELB, ocupando a Cadeira nº 22; Membro da Academia Niteroiense de Letras – ANL, ocupando a Cadeira nº 40; Membro da União Brasileira de Escritores – UBE.
- Membro do Conselho Editorial das Editoras Impetus, Thomas Nelson Brasil/Ediouro – 2010 e da Revista *Cristianismo Hoje*. Consultor do Grupo Editorial Campus/Elsevier – 2010.
- Presidente da Comissão de Direitos Humanos da Escola da Magistratura Regional Federal da 2ª Região – 2008/2009.
- Coordenador de Empreendedorismo em Projetos Sociais da Junta de Missões Nacionais da Convenção Batista Brasileira.
- Mais de 50 livros publicados, com mais de 1,2 milhão de livros vendidos.
- Falou, em palestras, para mais de 3 milhões de pessoas.
- Um dos juízes/professores mais conhecidos e respeitados nacionalmente, tendo cerca de 800.000 seguidores em redes sociais e mais de 10 milhões de visualizações no YouTube.
- Agraciado com 4 medalhas militares, diversas medalhas civis e 3 prêmios pela atuação na área de inclusão social e racial.
- Membro da Associação Inter-religiosa de Juristas para o Diálogo e a Paz.

Possui larga experiência na realização de provas e concursos públicos:
- 1º colocado no Concurso Público para Juiz de Direito/RJ.
- 1º colocado no Concurso Público para Defensor Público/RJ.
- 1º colocado no Concurso Público para Delegado de Polícia/RJ.
- 4º colocado no Concurso Público para Professor de Direito, na Universidade Federal Fluminense – UFF.
- 5º colocado no Concurso Público para Analista Judiciário/TRF da 2ª Região.
- 8º colocado no Concurso Público para Juiz Federal/TRF da 2ª Região.
- 1º colocado no CPOR/RJ (Arma de Infantaria).
- 1º colocado no Vestibular para Direito/UFF.
- 3º colocado em concurso nacional de monografias sobre a Justiça Federal.

Obras publicadas:
- *Como Passar em Provas e Concursos*. 29ª ed. Niterói: Impetus, 2019.
- *Como Passar em Provas e Concursos – Resumo*. 12ª ed., Niterói: Impetus, 2019.
- *A Arte da Guerra para Provas e Concursos*. 5ª ed. Rio de Janeiro: Campus/Elsevier, 2011.
- *A Arte da Guerra para Professores*. Niterói: Impetus, 2012, em coautoria com Nataniel Gomes.
- *Administração do Tempo*. 4ª ed. Niterói: Impetus, 2019, em coautoria com Alberto Dell'Isola.
- *A Maratona da Vida: um Manual de Superação Pessoal*. 4ª ed. Niterói: Impetus, 2010.
- *A Receita de Jesus para uma Vida mais Feliz*. Rio de Janeiro: Thomas Nelson Brasil, 2009, em coautoria com Davidson Freitas, Elcemar Almeida, Frei David, Guilhermino Cunha, Jorge Linhares, Júnior Vargas, Lucas Ribeiro e Noélio Duarte.
- *Ajude seu Filho a Ser um Vencedor*. Niterói: Impetus, 2004, em coautoria com Renato Araújo e Ruth Pauls.
- *As 25 Leis Bíblicas do Sucesso*. Rio de Janeiro: Sextante, 2012, em coautoria com Rubens Teixeira.
  - *Las 25 Leyes Biblicas del Éxito*. Florida/EUA: Taller Del Éxito, 2014 (edição em espanhol).
  - *As 25 Leis Bíblicas do Sucesso*. Carcavelos/Portugal: Self Editora, 2014 (edição em português).
  - *The 25 Biblical Laws of Success*. Michigan/EUA: Baker, 2016 (edição em inglês, no prelo).
- *Assustadoramente Ricos*. Niterói: Impetus, 2012, em coautoria com Rubens Teixeira.
- *A Última Carta do Tenente*. São Paulo: Planeta, 2016.
- *Carta aos Concursandos*. 2ª ed. Rio de Janeiro: Campus/Elsevier, 2016, em coautoria com Francisco Dirceu Barros (no prelo).
- *Comentários sobre a Lei contra o Crime Organizado. Lei nº 9.034/95*. 2ª ed. Niterói: Impetus, 2001, em coautoria com Abel Fernandes Gomes e Geraldo Prado.
- *Como Falar Bem em Público*. 4ª ed. Niterói: Impetus, 2013, em coautoria com Rogério Sanches Cunha e Ana Lúcia Spina.
- *Como Usar o Cérebro para Passar em Provas e Concursos*. 7ª ed. Niterói: Impetus, 2015, em coautoria com Carmem Zara.
- *Como Vencer Gigantes*. Rio de Janeiro: Sextante, 2017, em coautoria com Flávio Valvassoura.
- *Criando Campeões*. Rio de Janeiro: Thomas Nelson Brasil, 2008, em coautoria com Renato Araújo.
- *Direito Constitucional – Teoria, Jurisprudência e 1.000 Questões*. Niterói: Impetus, 1995.
- *Estudos Críticos sobre Direito Penal e Direito Processual Penal*. Rio de Janeiro: Lumen Juris, 1995, em coautoria com Geraldo Prado e Guaraci de Campos Vianna.

- *Formigas*. São Paulo: Mundo Cristão, 2016, em coautoria com Davi Lago.
- *Gestão de Serviço com Qualidade e Produtividade*. 2ª ed. Niterói: Ed. 9/9 (Ed. Universitária da UNIVERSO), 1997, em coautoria com Gildásio Mendes.
- *Justiça Federal: Uma proposta para o futuro*. CEJ/STJ, 1995, em coautoria com Leandro Paulsen e Paulo Fernando Silveira.
- *Manual de Português e Redação Jurídica*. 6ª ed. Niterói: Impetus, 2017, em coautoria com Renato Aquino.
- *Manual do Conciliador e do Juiz Leigo nos Juizados Especiais Cíveis*. Niterói: Impetus, 2006.
- *Mapas Mentais e Memorização*. 5ª ed. Niterói: Impetus, 2017, em coautoria com Felipe Lima.
- *Medicina Legal à Luz do Direito Penal e do Direito Processual Penal*. 14ª ed. Niterói: Impetus, 2019, em coautoria com Rogério Greco.
- *Omissão Inconstitucional*. Niterói: Impetus, 2014, em coautoria com Eugênio Rosa de Araújo e André Luiz Maluf Chaves [E-book].
- *O Poder dos 10 Mandamentos*. São Paulo: Mundo Cristão, 2013.
- *Princípios Básicos da Argumentação Jurídica*. Niterói: Impetus, 2006.
- *Poesia Sobre a Vida, Amor, Família, o Mundo e o Tempo*. Niterói: Impetus, 2001.
- *Sabedoria para Vencer*. São Paulo: Planeta/Pórtico, 2015.
- *Sociedade com Deus*. Rio de Janeiro: Sextante, 2014, em coautoria com Rubens Teixeira.
- *Sucesso Profissional*. Niterói: Impetus, 2012, em coautoria com Rubens Teixeira.
- *Uma Nova Defensoria Pública Pede Passagem*, Rio de Janeiro: Lumen Juris, 2012.
- *Viva Melhor e Venda Mais*. Rio de Janeiro: Gente, 2017, em coautoria com Ricardo Lemos.

Audiobook e DVDs:
- Audiobook Como Passar em Provas e Concursos – Rio de Janeiro: Plugme, 2009.
- DVD Sucesso Profissional à Luz da Bíblia – BV Films.
- DVD Dinheiro, Riqueza e Prosperidade à Luz da Bíblia – BV Films.
- DVD Como Estudar, Como Aprender – IESDE.
- DVD Administração do Tempo e Rendimento nos Estudos – IESDE.

Twiter: /site_wd
Facebook: /PaginaWilliamDouglas
YouTube: /sitewilliamdouglas
Instagram: /williamdouglas
www.williamdouglas.com.br

"Quando queremos fazer algo de verdade, utilizamos a nossa vontade para ampliar as nossas possibilidades, superando assim as nossas limitações."

Ricardo Soares e William Douglas

Convidamos os leitores a visitarem a página <**http://www.williamdouglas.com.br**>, em que o professor Ricardo Soares também é colaborador, para ter acesso a material extra sobre estudo.

SUMÁRIO

INTRODUÇÃO
- Pré-teste 2

Leitura Dinâmica – Uma proposta quali-quantitativa
- A efetividade na leitura 3
- Otimizando a relação tempo x aprendizado 4
- As etapas do desenvolvimento 5

PRIMEIRA ETAPA

Determine seus referenciais para ler melhor 8
- Autoavaliação 9
- Passo a passo nos degraus da ação 13

Identificar problemas para aperfeiçoar os processos 15
- A relação causa x consequência 16
- Tenha o foco nas causas 18
- O caminho das pedras para a solução de problemas 19

Conhecer mais sobre você e a leitura 20
- Revendo paradigmas 20
- Reconhecer a força do hábito 21
- Reconhecer seus hábitos 22
- Será que existem problemas e vícios no meu processo de leitura? 23

Como preparar o cenário para as mudanças 24
- Minimizar resistências 24
- As relações entre o "querer" e o "poder" 27
- Conhecimento, habilidade e atitude 28
- Análise da velocidade de leitura e as características do processo 29

SEGUNDA ETAPA
Identificação e superação de problemas e vícios para ler melhor 34

Introdução 34
- Como aumentar a capacidade de concentração 34
  - A escolha do ambiente 38
  - Superando a falta de motivação 39
  - Despertar o interesse 42
  - Focar 44
  - A velocidade na leitura 45
  - Aprendendo a lidar com o estresse 47
- Controlar o dedo 53
- Otimização do grifo 56
- A movimentação da cabeça 60
- Minimizar regressões 62
- Eliminar a vocalização 64
- Reconhecer e superar a subvocalização 65
- Visualizar os problemas por meio do diagrama de causa e efeito 67

TERCEIRA ETAPA
Relação estímulo-resposta 70
- O cérebro e os estímulos 70
- Exercícios propostos 73

Como aumentar sua velocidade mecânica e treinar a musculatura ocular 74
- A pista de provas 74
- Acelerando para mudar 83

Seu campo visual 94
- Ampliando sua percepção periférica 94
- Exercitando a sua habilidade visomotora 99

Viajando com a pré-leitura (O helicóptero) 109
- A arte da pré-leitura 111
- Colocando em prática a pré-leitura 114

Como fazer a pré-leitura de jornais 114
Como fazer a pré-leitura de revistas 115
Como fazer a pré-leitura de cartas comerciais 116
Como fazer a pré-leitura de relatórios 117
Como fazer a pré-leitura de livros 117
Como fazer a pré-leitura de capítulos de livros 118

A pós-leitura 119
    Exercício de velocidade 120

QUARTA ETAPA
O ritmo e os diversos tipos de leitura 126
- Leitura informativa 127
- Leitura de lazer 127
- Leitura voltada para o estudo e o trabalho 128

Compreendendo textos 129
- Compreendendo a compreensão 129
    A compreensão literal 129
    A compreensão ativa 129

- Não entendi.... E agora? O que fazer? 130
    Para compreender melhor 131

- A influência dos fatores e como contorná-la 133
    Exercício de velocidade 136

Para interpretar melhor 137
- Otimizando a interpretação de textos 140
- Como evitar o pingue-pongue 141
    Utilização da técnica 142
    Interpretação 145

Técnicas de retenção de texto **147**
- Repetir a leitura mecanicamente 147
- Recitação 148
- Memória visual 149
- Copiar partes do texto e reler somente as anotações 150
- Sinais gráficos 151
- Sistemas de memorização 152

Técnicas para síntese de texto **153**
- Resumo 153
- *Recall* 154
- Sintegrama analítico 160
- Mapa mental 166
- Fichamento 167

Dicas práticas para você estudar melhor **173**
- Exercício de velocidade 179

QUINTA ETAPA

Memorização Aplicada **184**
- Introdução 184
- O cérebro 185
- A memória 185
- A memorização 185
    - Sistema Elo 195
    - Sistema de arquivamento mental 198
    - Sistema fonético 198
    - Memorização de nomes e fisionomias 207
- Pós-teste 213
- Gabarito comentado do pré-teste e do pós-teste 214

Coletânea de textos **217**

Referências **229**

INTRODUÇÃO

Neste livro, trabalharemos questões como:

PARA QUEM ESTE LIVRO FOI PRODUZIDO?
Para todo aquele que sente a necessidade de fazer da leitura uma ferramenta intelectual que o ajude a vencer os desafios no trabalho, no estudo e na vida.

COMO A LEITURA DINÂMICA PODERÁ AJUDÁ-LO?
- PROFISSIONALMENTE
  Aperfeiçoando e ampliando a sua capacidade de leitura para a otimização da relação TEMPO × TAREFAS.

- NA SUA VIDA PESSOAL
  Tornando a sua leitura mais proveitosa, incentivando uma busca contínua de novas informações e conhecimentos.

- NOS SEUS ESTUDOS
  Aumentando o seu rendimento na leitura, retenção e síntese dos assuntos estudados, com o mínimo consumo de tempo e energia.

O QUE VOCÊ PRECISARÁ FAZER PARA LER DINAMICAMENTE?
1º) Reconhecer e eliminar os problemas e as dificuldades atuais na leitura.
2º) Aperfeiçoar e acelerar o processo, mediante a realização de exercícios e a aplicação de técnicas.

QUAL É O INVESTIMENTO QUE VOCÊ TERÁ QUE FAZER?
O principal investimento que você terá de fazer será o de dedicar, pelo menos, quinze minutos diários para o treinamento específico proposto.

O QUE ESTE LIVRO TEM DE DIFERENTE?
Neste livro, as questões relativas à leitura são abordadas de maneira prática e objetiva, de forma a orientá-lo com relação ao que deve ser feito e de que maneira, para que você melhore de forma significativa o seu processo de leitura.

INTRODUÇÃO

PRÉ-TESTE[1]

Caro leitor:

Quais são os conhecimentos que você já possui sobre leitura dinâmica?

De acordo com os seus conhecimentos, assinale V para verdadeiro ou F para falso:

1. ( ) Leitura dinâmica é igual à leitura rápida.
2. ( ) Quanto mais lentamente leio, mais compreendo.
3. ( ) Quando leio e não compreendo, o melhor a fazer é ler de novo.
4. ( ) A solução para a desconcentração é a escolha de um ambiente adequado para a leitura.
5. ( ) Ler dinamicamente significa ler rápido, compreender e reter as informações.
6. ( ) Para ler dinamicamente, terei de abrir mão dos detalhes.
7. ( ) A leitura dinâmica pode ser aplicada a romances.
8. ( ) A velocidade de leitura ajuda na concentração.
9. ( ) Grifar durante a leitura me ajuda a destacar as partes mais importantes.
10. ( ) Encontrando uma palavra desconhecida, devo imediatamente consultar o dicionário.
11. ( ) Lendo em voz alta, aumento o meu rendimento na leitura.
12. ( ) Dinamicamente, pode-se ler, compreender e reter as informações em uma única operação.
13. ( ) Para interpretar melhor, devo, primeiro, ler integralmente o texto e, depois, responder às perguntas.
14. ( ) Fazer anotações de partes do texto durante a leitura facilita o entendimento.
15. ( ) Os resultados do estudo com o fichamento não compensam o trabalho e o tempo dispensados para a elaboração das fichas.
16. ( ) A ideia principal do texto sempre vem no primeiro parágrafo.
17. ( ) Estudar com música dificulta a concentração.
18. ( ) Para consolidar a melhoria do meu desempenho, devo refazer os exercícios.
19. ( ) Para poder treinar leitura dinâmica, devo ter sempre um livro à disposição.
20. ( ) O principal responsável pelo meu sucesso sou eu mesmo.

---

[1] Ao longo do livro, você verá as respostas para cada uma dessas perguntas e poderá vê-las comentadas no último capítulo.

LEITURA DINÂMICA:
UMA PROPOSTA *QUALI-QUANTITATIVA*

As pessoas, em geral, acham que na leitura só pode haver uma das duas alternativas:

a) **Quantidade** – ler muito, ler rápido.
b) **Qualidade** – fixar e aprender o que foi lido.

Quase todos pensam assim porque isso é o que normalmente acontece.

E acontece porque as pessoas (e talvez você) leem com vícios que prejudicam o desempenho.

Contudo, as coisas não precisam ser assim. Com um pouco de técnica e treino, você pode ter quantidade e qualidade na leitura.

Esta é a nossa proposta para você: proporcionar-lhe uma visão quali-quantitativa da leitura.

A visão **quali-quantitativa** pressupõe maior efetividade da leitura, compreendendo **quantidade** mais rápida e **qualidade** superior à da leitura tradicional.

A efetividade na leitura

Para que a leitura dinâmica funcione como um processo de leitura plenamente capaz de satisfazê-lo, faz-se necessária a análise do processo e dos resultados pela ótica da qualidade.

As técnicas de leitura dinâmica são estruturadas para favorecer o melhor aproveitamento da relação **tempo x tarefas**.

Vejamos!

EFICIÊNCIA
Fazer de forma ótima, ou seja, da melhor forma possível, com a máxima utilização dos recursos.
(processo)

EFICÁCIA
Produzir o efeito desejado, atingir o objetivo.
(resultado)

EFICIÊNCIA + EFICÁCIA = EFETIVIDADE
(processo OK) + (resultado OK) = satisfação plena

LEITURA DINÂMICA = EFETIVIDADE NA LEITURA

Otimizando a relação tempo x aprendizado

O que conseguirei como resultado da leitura dinâmica nos meus estudos e trabalho?

A quantidade de informações com as quais precisamos lidar para nos mantermos atualizados e que precisamos absorver para obtermos aprovação no trabalho e em provas e concursos exige uma melhoria considerável da relação "tempo x aprendizado".

O treinamento sugerido em **leitura dinâmica** busca promover a reestruturação do processo de leitura de cada um, de forma a multiplicar em pelo menos três vezes a sua capacidade de absorção e domínio da informação.

Assim, esperamos que o amigo experimente aplicar as técnicas deste livro, a fim de se dar a chance de melhorar enquanto pessoa, de aperfeiçoar sua produtividade e de alcançar mais rápido seus objetivos.

Para tanto, são necessários alguns passos:

1º – **Vontade de aprender**, sabendo que terá maior benefício por isto.

2º – **Ler este livro** com atenção.

3º – **Aplicar as técnicas e fazer os exercícios** a fim de aumentar seu desempenho. Acredite que é possível melhorar. Essa é uma verdade inquestionável.

Avalie seu desempenho, procurando melhorar cada vez mais.

Descubra o universo de oportunidades e possibilidades que estão a sua espera nas próximas páginas e na sua vida, a cada dia que nasce.

> *Se algo pode ser melhorado, quanto mais cedo melhor!*
>
> *Se é necessário corrigir alguma coisa, vamos pôr mãos à obra hoje mesmo.*
>
> *Se algo vai ter que ser feito, por que não agora?*
>
> Management Memorandum – The Economic Press

As etapas do desenvolvimento

Na primeira etapa, você se conhecerá melhor, de modo a preparar-se para as mudanças. Promove-se a **identificação da situação atual,** de forma clara e objetiva, para avaliar o seu processo atual de leitura.

Na segunda etapa, realiza-se a **identificação e eliminação das causas da ineficiência na leitura**, ou seja, dos vícios de leitura.

INTRODUÇÃO

Na terceira etapa, dedica-se ao **condicionamento**, à **velocidade**, à **ampliação do campo visual** e à **pré-leitura**. Nesta fase, será desenvolvida uma série de exercícios e testes, para que você possa aferir seu desempenho.

Na quarta etapa, será possível fazer a **aplicação das técnicas de leitura dinâmica** às situações cotidianas de lazer, estudo e trabalho.

Trabalharemos também a **retenção e a síntese das informações** e forneceremos as **dicas práticas para estudar melhor**.

É nesta etapa que é feita a consolidação do processo.

Uma visão global das técnicas de leitura dinâmica

1 - Pré-leitura
2 - Leitura integral e otimizada
3 - Técnicas de retenção
4 - Pós-leitura

PRIMEIRA ETAPA

Nesta etapa,
situaremos o processo
de leitura e iniciaremos
a preparação para mudanças.

Capítulo 1

DETERMINE SEUS REFERENCIAIS PARA LER MELHOR

Se você tiver de orientar uma pessoa, por telefone, a chegar ao local em que você está, qual seria o primeiro passo? Certamente você perguntaria para a pessoa onde ela está.

De acordo com a localização dela, a orientação poderá ser simples – "Vá em frente e dobre na terceira rua à esquerda" – ou complexa, exigindo uma descrição detalhada de todo um itinerário.

Da mesma forma, para que se possa direcionar as ações na leitura e fazer com que os objetivos de crescimento sejam atingidos, será necessário avaliar a situação atual do seu processo de leitura e compreensão. Afinal, estabelecer um referencial – como acabamos de constatar – é fundamental para que se possa avaliar o progresso obtido.

A sua situação atual será avaliada por meio da leitura de um texto, que será o primeiro teste de **autoavaliação**.

RECOMENDAÇÕES

Leia normalmente e de forma confortável o texto proposto.

Faça de conta que você não estará se avaliando.

Tenha um relógio ou um cronômetro à mão para que, ao término da leitura, possa anotar o seu tempo no campo indicado.

Após a leitura, responda às perguntas propostas sem retornar ao texto.

AUTOAVALIAÇÃO

Um homem tem 1,54m de altura

Marcos Vasconcellos

Um homem, imbuído de alto espírito de solidariedade animal, deu liberdade a um passarinho, o qual (segundo se apurou posteriormente) era um gênio encantado que, por elementar dever de gratidão entre os gênios, concedeu-lhe três pedidos. O primeiro seria de atendimento imediato e os dois restantes a vencer nos prazos de 30 e 60 dias garantidos por duas promissórias.

O homem (que tinha 1,54m de altura), muito alegre e alvoroçado, pediu para crescer.

O gênio atendeu o pedido, conforme combinado, e partiu. E o homem de 1,54m ficou com 1,60m e logo com 1,76m e dormiu com 1,80m, radiante como nunca estivera antes, pois sempre fora arredio, esmagado por complexos de baixa estatura. Quando acordou, tinha 2,30m. Almoçou com 2,50m, com muito apetite, e jantou com 3,00m. Em breve, cresceu até o segundo andar e logo até o quinto. Depois passou os telhados. Trinta dias depois tinha 54m, segundo topógrafo consultado, e estava muito apreensivo, apesar de livre dos complexos. Venceu, então, a primeira promissória e o gênio voltou rigorosamente no prazo, como convém aos gênios.

– Quero diminuir. Quero diminuir – pediu o gigante, contrafeito por estar de tanga e com muito frio.

Quinze dias depois, chegara novamente, sentindo até um certo alívio, à estatura de 1,54m. Mas não parou aí. Logo depois tinha 1,00m, e logo a seguir, 50cm.

Os complexos voltaram, então mais agravados. Com 30cm, veio o desespero, que aumentou quando estava com 15cm, e virou pânico no 55º dia, quando acordou com 8cm.

A família do homem (gigantes de 1,54m) cercou-o de todas as garantias para que o seu desaparecimento ótico gradativo não o condenasse a um desaparecimento físico, pisado desastradamente por um inseto caseiro ou mordido por um micróbio. Quando o gênio chegou no dia marcado – como sempre, aliás – encontrou o homem de 1mm muito desanimado, protegido por uma campânula de vidro, dessas de proteger doce.

– Quero que você entre novamente na gaiola – berrou o homem com voz débil. Vamos recomeçar tudo sem muita malícia.

Número de palavras: 329

Tempo: ____minutos ____segundos

1) Calcule a sua velocidade – Ppm (palavras lidas por minuto).

Transforme os segundos em décimos de minuto, dividindo por seis (considere somente a parte inteira).

Ex.: tempo: **2** minutos **32** segundos

$$32 : 6 = 5,3$$

Tempo = **2,5** minutos

Divida o número médio de palavras do texto pelo tempo registrado em minutos.
Ex.: número de palavras do texto: 270.

Tempo em minutos: 2,5

Ppm 270 ÷ 2,5 = 108 (palavras lidas por minuto)

CALCULE AGORA SUA VELOCIDADE:		RESULTADO
Velocidade Ppm	(329 : tempo em minutos) =	

Exercício 1. Agora, assinale as respostas corretas sem retornar ao texto anterior:

1) **A liberdade do pássaro foi motivada:**
   a) pelo espírito de fraternidade
   b) pela ambição desmedida
   c) pelo complexo de inferioridade
   d) pelo dever de gratidão
   e) pelo espírito de aventura

2) **O autor procurou adaptar a narrativa aos tempos modernos. Com isso, nas relações entre o gênio e o homem, diminuiu o sentido de:**
   a) amor
   b) gratidão
   c) alegria
   d) esperança
   e) confiança

3) A expressão ou o termo que justifica a resposta anterior é:
   a) atendimento imediato
   b) promissórias
   c) campânula
   d) três pedidos
   e) complexos

4) Antes do atendimento ao primeiro pedido, o complexo do homem era motivado pela:
   a) inferioridade intelectual
   b) superioridade animal
   c) inferioridade física
   d) superioridade física
   e) superioridade moral

5) Nosso herói ficou alvoroçado:
   a) pelo aparecimento do gênio
   b) pela possibilidade de libertar-se de seu complexo
   c) pela hipótese de ver-se livre de seu complexo de culpa
   d) pela liberdade do pássaro
   e) pelo gigantismo que adquirira

6) No dia do vencimento da primeira promissória, só seria possível saber a altura do homem se fosse chamado um:
   a) cientista capaz de, com o auxílio de um microscópio, fazer a medição
   b) especialista em descrever e medir acidentes do terreno
   c) especialista na observação dos astros
   d) alpinista
   e) cirurgião especializado em deformações físicas

7) Lendo o texto, percebemos terem sido totalmente desnecessárias as notas promissórias porque:
   a) os pedidos eram de atendimento imediato
   b) o gênio não satisfez os pedidos conforme esperava
   c) a família do homem cercou-o de todas as garantias
   d) o gênio era pontualíssimo
   e) o homem era imbuído de um alto espírito de solidariedade animal

8) Assinale a afirmativa correta.
   a) Antes do aparecimento do gênio, o homem era mais alto que seus parentes.
   b) Antes do vencimento da primeira promissória, o homem considerava seus familiares uns gigantes.
   c) Antes do vencimento da segunda promissória, o homem considerava seus familiares uns anões.
   d) Antes do vencimento da primeira promissória, o homem considerava-se gigante em relação a seus familiares.
   e) Depois do vencimento da primeira promissória, o homem considerava-se gigante em relação a seus familiares.

9) **Enquanto almoçava, o homem tinha a altura de:**
   a) 3,00 m
   b) 1,54 m
   c) 2,50 m
   d) 1,80 m
   e) 5,00 m

10) **Com a altura de 8 cm, nosso herói se sentia:**
    a) apreensivo
    b) apavorado
    c) arredio
    d) aliviado
    e) desesperado

2) Calculando a sua parcela de captação – Pcap

Entende-se por captação a resultante da compreensão e da retenção obtidas na leitura. Para calcular a **parcela de captação**, multiplica-se o valor de cada questão (10%) pelo número de acertos. Ex.: **Pcap**: 10% × 9 acertos = 90%

CALCULE AGORA SEU Pcap:			RESULTADO
Captação	Pcap	(número de acertos × 10) =	

E agora? Será que o resultado foi satisfatório?

Qualquer que tenha sido o resultado, fique tranquilo!

O resultado verificado apenas reflete o seu nível atual de leitura.

Um nível mais satisfatório, em relação ao atual, será obtido quando você conseguir, por exemplo, dobrar ou triplicar a sua capacidade de leitura. Mas, para aferir o quanto melhorou, você precisava estabelecer um referencial, que foi o que acabamos de fazer. Logo, de agora em diante, será fácil aferir o progresso dos seus resultados nas avaliações.

A **efetividade na leitura** poderá ser avaliada ao relacionar a velocidade de leitura à captação do conteúdo.

3) Calculando a sua parcela de captação por minuto – Pcap/min

Para calcular a **parcela de captação por minuto**, multiplica-se o Ppm pelo Pcap e divide-se por 100.

Ex.: **Pcap/min**:

$$\text{Ppm} \times \text{Pcap} = \frac{104 \times 90}{100} = 93,6$$

CALCULE AGORA SEU Pcap/min			RESULTADO
Efetividade	Pcap/min	(Ppm × Pcap : 100) =	

Os resultados obtidos poderão ser comparados com os testes futuros.

Passo a passo nos degraus da ação

O que nos foi ensinado: "**a ler**" ou "**como ler**"?

Assim que começamos a estudar, aprendemos o alfabeto; depois, a ler as sílabas; e, então, a ler as palavras e as frases. Em função de nossas experiências, o processo foi se dinamizando naturalmente, porém sem uma análise detalhada da melhor forma de proceder na leitura para obter o máximo de rendimento.

No processo de leitura, muitas vezes **agimos de acordo com aquilo que conhecemos**, guiados pelos costumes, deixando de perceber os **"degraus"** intermediários que existem entre o conhecimento e a ação.

Você só poderá interferir no processo de leitura a partir do momento em que tenha a consciência e o domínio do mesmo.

13

Analisando os degraus da ação no processo de leitura[2]

Conhecimento
Podemos dizer que conhecemos a leitura, mas isso não significa que compreendemos os seus mecanismos.

Compreensão
Somente pelo entendimento de como as coisas funcionam quando se lê é que podemos fazer uma análise objetiva da situação.

Análise
Uma vez conhecidos e compreendidos, podemos analisar os princípios e o funcionamento da leitura.

Síntese
Com o processo conhecido, compreendido e analisado de forma global, temos condições de definir os pontos relevantes para a sua otimização e fazer uma síntese.

Avaliação
Fazer uma avaliação de dados conhecidos, compreendidos, analisados e sintetizados estabelece um parâmetro fundamental: segurança.
Uma avaliação segura do processo de leitura fornece-nos um alicerce sólido para o degrau seguinte: *a decisão*.

Decisão
A tomada de decisão sobre "o que fazer" após uma avaliação segura é de fundamental importância. Dessa forma, podemos minimizar a probabilidade de cairmos em armadilhas futuras e interferir nos resultados.

Ação
Após superarmos os seis degraus, só nos resta pôr o pé na estrada e desenvolver as ações necessárias para que as mudanças se concretizem, faltando somente o último passo.

Aferição e correção
Este passo determinará se os resultados foram atingidos plenamente.

---

[2] Repare que estes degraus são bastante semelhantes no processo cognitivo, tratado no cap. 17 do livro *Como Passar em Provas e Concursos*. Lá, os passos do domínio cognitivo são os seguintes: 1º) Conhecimento; 2º) Compreensão; 3º) Aplicação; 4º) Análise; 5º) Síntese; e 6º) Avaliação.

No caso de os resultados não se apresentarem satisfatórios, poderemos verificar qual o ângulo de desvio e proceder às correções necessárias.

Os degraus podem ser sintetizados em:

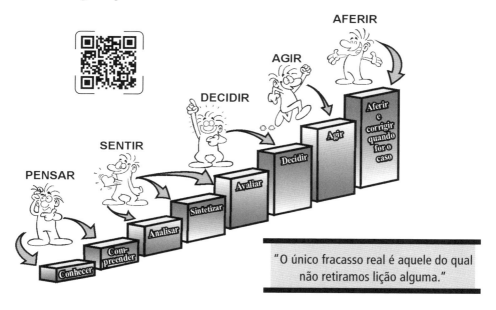

"O único fracasso real é aquele do qual não retiramos lição alguma."

Identificar problemas para aperfeiçoar os processos

❝ *Não podemos resolver nossos problemas com o mesmo raciocínio que usamos para criá-los.* ❞
Albert Einstein

Um dos principais fatores que contribuem para o sucesso no aperfeiçoamento de um processo é a perfeita identificação e formulação dos problemas existentes, possibilitando uma visualização global da situação e uma efetiva atuação na relação CAUSAS × CONSEQUÊNCIAS.

Observe a figura nº 1.

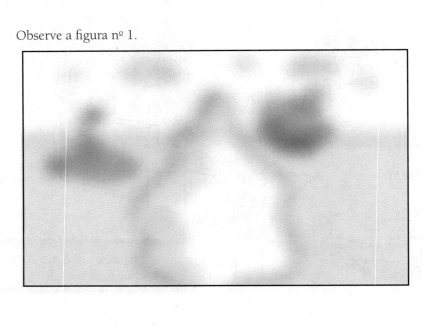

Descreva aqui sua percepção:
_____
_____
_____
_____
_____

A sua percepção inicial coincide com a figura apresentada de forma nítida?

O ICEBERG DA PERCEPÇÃO

Fig. nº 2

> Se a resposta foi **não**, fique tranquilo, pois os problemas nem sempre se apresentam de uma forma nítida e definida.

Como na figura anterior, por vezes, os problemas se apresentam encobertos por uma neblina ou por uma camada de água que impede a visão nítida da situação. Assim, apesar de ficar constatada a existência de algo a corrigir, não existe uma percepção clara do que é preciso fazer.

Ex.: Tratar a dificuldade na leitura como "o problema", e não como o resultado de um conjunto de fatores, hábitos e condições relacionados ao ato de ler.

É preciso que você remova os obstáculos que dificultam a visualização do problema e aguce a sua percepção para que ele não seja confundido com os respectivos efeitos e consequências indesejáveis.

Uma vez retirada a neblina (fig. nº 2) e eliminada a dificuldade de visualizar o problema, podemos começar a fazer a sua análise.

Contudo, ainda devem ser tomados alguns cuidados.

Se você considerar o iceberg da fig. nº 2 o problema, a análise admite dois diferentes referenciais, que podem ser adotados como pontos de observação:

1) **O referencial do navio.** O que se percebe é a visão parcial do problema – a ponta do iceberg, uma pequena porção da imensa montanha de gelo submersa, que representa um grande perigo à navegação, e que foi a causadora do naufrágio do Titanic.

2) **O referencial do submarino.** O problema é percebido de forma global – a ponta e todo o restante do iceberg –, o que permite avaliar a real dimensão do problema e identificar as suas causas, assegurando um planejamento eficaz das ações que se farão necessárias.

Tenha o foco nas causas

Devemos atuar preferencialmente sobre as causas, não genericamente sobre o problema. Se o congelador está quebrado, não adianta ficar enxugando o gelo.

A base do processo consiste em identificar o que já existe, eliminar o que há de errado e otimizar o resultado, pela aplicação de técnicas.

O caminho das pedras para a solução de problemas

Quando se trata de solucionar problemas, podemos lançar mão de inúmeros processos e técnicas. Alguns processos exploram a criatividade e a alternância de pensamento "convergente e divergente", usando técnicas como *brainstorm*; outros apoiam-se no processo lógico, com o uso de ferramentas como formulários, gráficos e diagramas.

Independentemente da natureza do processo e das técnicas, existe uma linha comum na análise e solução de problemas que chamamos de *caminho das pedras*.

As técnicas para a solução de problemas admitem alguns passos básicos

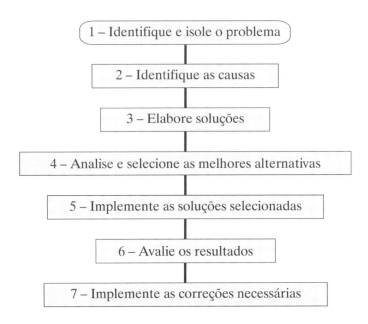

Seguindo esta linha de raciocínio, é necessário que as atitudes nocivas à leitura sejam identificadas e eliminadas, para que o processo seja **EFICIENTE**.

CAPÍTULO 1 || DETERMINE SEUS REFERENCIAIS PARA LER MELHOR

 Conhecer mais sobre você e a leitura

REVENDO PARADIGMAS

A palavra *paradigma* tem sido constantemente usada quando o assunto tratado sugere mudanças.

Mas o que, afinal, significa **paradigma**? É um conjunto de valores e conceitos que acabam sendo aceitos como verdades fundamentais, atuando como modelos ou padrões que tendem a gerar reações imediatas e pouco submetidas a qualquer análise e avaliação conscientes.

Leia a pergunta abaixo e assinale a resposta.

Você aceitaria mil dólares para saltar de um avião sem paraquedas?

( ) SIM   ( ) NÃO

Se você pensou no avião voando, no salto em queda livre, na perda da vida e o valor que ela possui, provavelmente assinalou *não*.

Em quanto tempo essa cena se desenrolou em sua mente até gerar a resposta?

O paradigma (modelo pré-estruturado) do avião voando não precisou ser construído; ele foi instantaneamente acessado, gerando uma resposta imediata; e não submetida a uma análise e avaliação criteriosas.

Na leitura, muitas das nossas ações e reações também são praticadas em função de paradigmas, que acabam limitando as nossas possibilidades de melhoria.

Por outro lado, se você considerou a possibilidade de o avião estar pousado e sem escada, ou ser um avião de parque de diversões, ou ainda qualquer alternativa, provavelmente assinalou *sim* (afinal de contas, ganhar mil dólares, em princípio, não faz mal a ninguém).

A proposta do treinamento sugere que você comece a analisar e avaliar as alternativas que surgem, a partir de novas possibilidades de estruturar o processo de leitura.

Exercite agora a sua capacidade de analisar e avaliar alternativas:

Você aceitaria mil dólares para descer no oceano a cem metros de profundidade sem cilindros de oxigênio, máscara de mergulho, nadadeiras, cinto de lastro e demais equipamentos que compõem um traje de mergulho?

( ) SIM   ( ) NÃO

Se você assinalou *não*, provavelmente se restringiu à ideia de ser impossível atingir tal profundidade sem estar devidamente equipado e preparado, abrindo mão, assim, de ganhar mil dólares.

Se você assinalou *sim*, certamente analisou e avaliou, além da impossibilidade de descer a tal profundidade sem equipamento de mergulho individual, algumas outras possibilidades, como: estar dentro de um submarino, estar em um sino de mergulho, estar cruzando um túnel submarino (semelhante ao que existe no Canal da Mancha) ou qualquer outra possibilidade que lhe permitisse ganhar mil dólares sem perder a vida.

> *Algo só é impossível até que alguém duvide e acabe por provar o contrário.*
> Albert Einstein

Reconhecer a força do hábito

Você consegue identificar os seus hábitos?

Reflita sobre os seus hábitos mais comuns durante 30 segundos, listando, em seguida, cinco deles.

1 – _____
2 – _____
3 – _____
4 – _____
5 – _____

Reconhecer seus hábitos

Possivelmente, você relacionou os hábitos mais simples, como: calçar os chinelos pela manhã colocando primeiro o pé direito; escovar os dentes olhando para o espelho; ler jornal pela manhã começando pelo caderno de esportes; ler grifando partes; acessar sites/aplicativos em uma determinada ordem etc., etc., etc.

Apesar de praticarmos inúmeros hábitos, nem sempre é fácil identificá-los, mesmo que estejam intimamente ligados ao nosso dia a dia e sejam reforçados de forma permanente.

As ações e reações, fora de domínio consciente, podem gerar um hábito, passando ao largo da avaliação, surgindo daí uma série de questões.

a) Se o *hábito for bom*, é praticado sem que você o perceba e a probabilidade de alcançar um bom resultado é **grande**.
b) Se o *hábito for ruim*, também é praticado sem que você o perceba e a probabilidade de alcançar um bom resultado é **pequena**.

Conclusão:

A leitura é uma ação consciente, podendo ser formada por inúmeros hábitos, que começaram a ser edificados na época da alfabetização.

Para o aperfeiçoamento do processo de leitura, você terá a oportunidade de analisar os seus hábitos, avaliando aqueles que fogem ao seu controle.

Aqueles que fogem ao seu controle constituem os seus vícios e podem estar prejudicando o seu processo de leitura.

Eliminando os vícios de leitura, tendo o processo otimizado e sob total domínio, você estará pronto a realizar uma leitura mais rápida e melhor!

Problemas e vícios de leitura

Os vícios e problemas de leitura, por vezes, não são percebidos pelo indivíduo em toda a sua vida. Portanto, não oferecem oportunidade de uma análise e avaliação criteriosas.

Reflita agora!

Será que existem problemas e vícios no meu processo de leitura?

Relacione as dificuldades que você conseguiu identificar no que se refere ao ato de ler:
_____
_____
_____
_____
_____
_____

Confira agora o que você relacionou com os problemas e vícios mais comuns que apresentamos a seguir, para que possamos orientá-lo no seu aperfeiçoamento.

Procure perceber se alguns dos problemas ou vícios, a seguir, fugiram da sua percepção, mas são praticados por você.

Vamos a eles...

Vícios e problemas de leitura

1) Desconcentração.
2) Apontar usando os dedos ou a caneta.
3) Regredir sistematicamente.
4) Movimentar a cabeça durante a leitura.
5) Acompanhar oralmente a leitura (vocalização).
6) Repetição mental da leitura (subvocalização).

E então? Você identificou algum desses problemas ou vícios?

Se o problema já foi identificado, você acabou de dar um importante passo para solucioná-lo.

Se você ainda não conseguiu encontrar o problema, não identificou seus vícios, fique tranquilo, pois na terceira etapa vamos aprender a como lidar com todos os especificados anteriormente.

Como preparar o cenário para as mudanças

A sua habilidade e seu rendimento na leitura são o reflexo básico dos seus costumes, que naturalmente implicam atitudes intuitivas, preconceitos, macetes e resistências à sua modificação.

O ser humano é, por natureza, resistente a mudanças.

Minimizar resistências

Não basta que você tenha a **consciência** da existência de determinado vício no seu processo de leitura; é necessário que **ações** sejam tomadas para mudar essa condição.

Mudança e resistência estão intimamente relacionadas. Quando se quer promover um processo de mudança, logo de início surge uma sensação de ameaça diante do novo, da incerteza de sucesso.

A ameaça da nova situação, real ou imaginária, põe em risco o que chamamos de *área de conforto,* situação à qual estamos habituados e certos de que, praticando determinadas ações, obteremos resultados conhecidos, mas talvez não os melhores resultados.

O nosso aprendizado e consequente crescimento estão numa razão diretamente proporcional à nossa **capacidade de assumir riscos e descobrir o novo**.

Como diminuir a resistência à mudança?

Segundo Fela Moscovici,[3] a resistência é apenas um sintoma resultante de determinado processo que implica mudança.

Tratar um sintoma seria o mesmo que tomar um analgésico e ignorar o problema que está ocasionando a dor.

A melhor estratégia para obter a mudança de processo desejado não é atacar a resistência (o sintoma), mas sim adotar uma tática mais elaborada na forma de implementação da mudança (a causa), fornecendo um forte estímulo para que a mudança efetivamente ocorra.

Para que as mudanças ocorram, o estímulo tem de ser maior do que a resistência.

ESTÍMULO > RESISTÊNCIA = MUDANÇA

Sensibilização/conscientização Implementação elaborada	Insegurança diante do novo Incerteza dos resultados	Descoberta do potencial assegurado pelos resultados Vantagens das mudanças

As fases da mudança

1ª Na fase inicial da mudança, a do **descongelamento**, é quase inevitável a resistência, considerada natural. Esta fase é chamada pelo grande psicólogo social Kurt Lewin de **descongelamento** ou **desequilíbrio**, ou **desarrumação**, ou crise. É a fase em que ocorre a desestruturação do que existia antes.

---

[3] Professora Titular do Centro de Pós-Graduação de Psicologia da Fundação Getulio Vargas RJ. VI Encontro de Desburocratização. Curitiba/PR, junho de 1987.

Nessa fase, é fundamental que você procure entender o processo e o objetivo de cada etapa e exercício, o que facilitará que você se situe e se motive, buscando recursos para a adaptação. Assim, o estímulo concorre para que a mudança ocorra com certa consistência.

Nessa hora, lembre-se de que sua vida não vai melhorar nem mudar se você não fizer algo diferente.

2ª A segunda etapa da mudança é o *recongelamento*. Uma vez estabelecido um padrão de treinamento, os resultados que surgirão gradativamente consolidarão, de forma razoavelmente estável, as experiências significativas vivenciadas, preparando você para novas mudanças.

O que você deve fazer na segunda fase é treinar com afinco, aferindo os acertos e percebendo os erros, para poder corrigi-los, e as dificuldades, para poder superá-las.

3ª A terceira fase é a de *consolidação*, em que você deixará o simples treino e partirá para o uso. As práticas positivas usadas cotidianamente acabam incorporadas como hábito, o que não significa que seja uma etapa estática; é um processo dinâmico e contínuo de desenvolvimento.

O que você deve fazer na terceira fase das mudanças é **usar** e **ousar** – "colocar as mãos na massa", sem medo de ser feliz.

As informações e dicas práticas deste livro servirão como orientação para que você analise as mudanças, avalie os benefícios e decida empreender um esforço inicial para a reestruturação dos hábitos de leitura.

Dedique-se aos exercícios propostos, aferindo se os objetivos estão sendo atingidos, pois todo o esforço empreendido no treinamento das técnicas será recompensado com um menor esforço na sua utilização prática.

> **LEMBRE-SE!**
> O mais importante elemento responsável pelas mudanças na sua vida é você.

As relações entre o "querer" e o "poder"

"QUERER NEM SEMPRE SIGNIFICA PODER, MAS É FANTÁSTICO O PODER EXERCIDO PELA FORÇA DO QUERER."

O **poder**, neste caso, significa ter a capacidade de realização.

O **querer** está relacionado à vontade, ao desejo de se atingir algum objetivo.

As relações entre o **querer** e o **poder** demonstram que, além do conhecimento técnico, assumir um posicionamento mental adequado é fundamental para alcançar o sucesso.

"Se você fizer o que sempre fez, terá os resultados que sempre teve."

Anônimo

Conhecimento, habilidade e atitude

A efetividade na leitura e em qualquer atividade exige que a pessoa esteja tecnicamente preparada e pessoalmente decidida a realizar determinada tarefa, envolvendo três aspectos:

1 – CONHECIMENTO

Saber é o conjunto de ideias, percepções, sentimentos e informações que envolve o que deve ser realizado.

2 – HABILIDADE

Saber fazer é a aptidão física, mental e emocional que potencializa a execução de uma tarefa específica.

3 – ATITUDE

Querer fazer, estado mental do indivíduo refletido em seu comportamento, significa estar motivado e decidido a fazer algo.

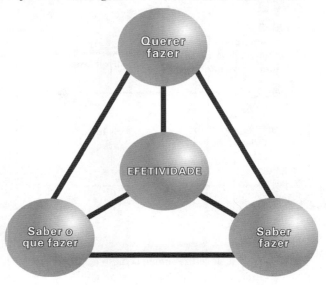

ANÁLISE DA VELOCIDADE DE LEITURA E AS CARACTERÍSTICAS DO PROCESSO

A evolução da velocidade de leitura não ocorre por acaso. Ela é o resultado de um treinamento específico, que abrange novas habilidades.

O desenvolvimento da musculatura ocular, o domínio do percurso voluntário dos olhos, a ampliação do campo visual e a prática de um sincronismo mental compatível são fatores que determinarão o quanto a leitura será rápida e efetiva.

Considerando a necessidade da efetividade, pode-se fazer uma análise de como evolui a velocidade da leitura e das características do processo.

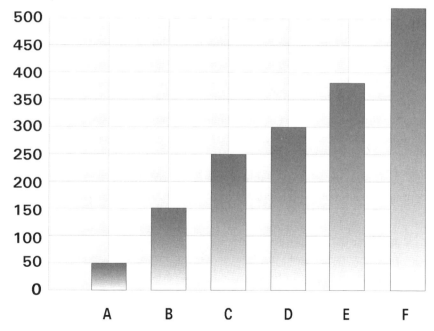

Principais características do processo

Principais características

A   50 palavras por minuto – Velocidade de leitura muito baixa, com ocorrência de silabação e movimento labial.

B   100 a 150 palavras por minuto – Leitura palavra por palavra, com subvocalização acentuada.

C   150 a 250 palavras por minuto – Leitura semiglobal, com significativa redução dos vícios, ampliação do campo visual e captação relativamente livre de palavra por palavra.

D   250 a 300 palavras por minuto – Leitura com percurso voluntário dos olhos, reduzidos pontos de fixação e ressonância mental seletiva.

E   Acima de 300 palavras – Leitura globalizada, com percurso visual sobre domínio. Ênfase em grupos de palavras, com foco nas palavras-chave. Exige um alto nível de concentração do leitor. Podemos chamar de **palavra-chave** aquela que melhor identifica uma ideia ou sintetiza um parágrafo, frase ou oração.

F   Em estudos sobre leitura dinâmica, cita-se a fotoleitura como um processo que permite que atinjam-se velocidades muito superiores às citadas anteriormente.[4]

Nesta obra, temos como objetivo oferecer subsídios que possibilitem a você chegar ao nível **E**, assegurando um bom nível de compreensão e retenção na leitura. É claro que se o leitor já possui tal nível de leitura certamente a aplicação das técnicas aqui descritas aumentarão o seu desempenho.

---

[4] Os autores não possuem dados comprovados em escala sobre os níveis de compreensão e retenção relativos a tais velocidades. O quadro tem função meramente demonstrativa.

QUADRO-SÍNTESE DA PRIMEIRA ETAPA

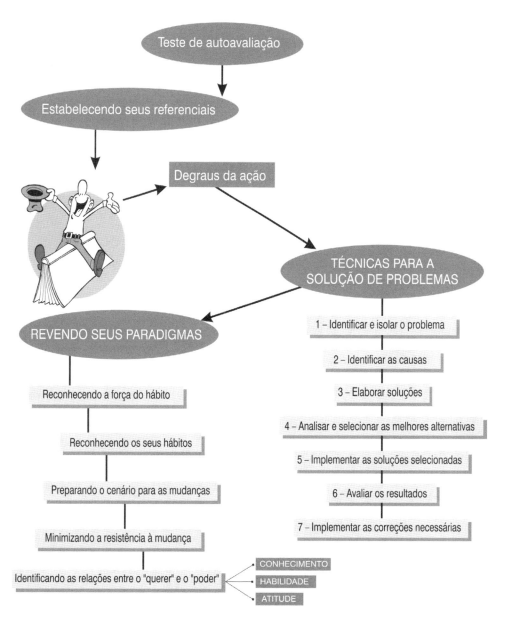

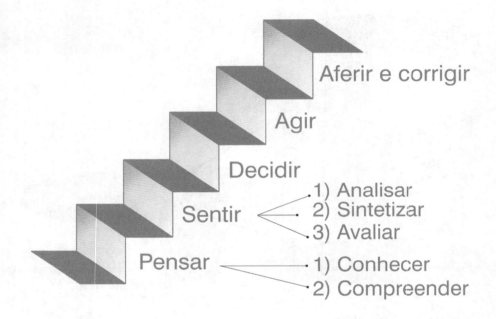

SEGUNDA ETAPA

Nesta etapa,
você deve identificar e
eliminar os problemas
e vícios que prejudicam
sua leitura.

Capítulo 2

IDENTIFICAÇÃO E SUPERAÇÃO DE PROBLEMAS E VÍCIOS PARA LER MELHOR

Introdução

Nesta etapa, iremos abordar os problemas, causas e soluções relacionados à ineficiência na leitura.

Ao nos referirmos às causas, obviamente não pretendemos esgotar os motivos que podem levar ao problema, mas sim orientá-lo na tarefa de identificar as possíveis causas dos seus problemas e refletir sobre elas.

Quando nos referimos às soluções, apresentamos formas práticas e objetivas para lidar com a situação-problema, mas não esgotamos as possibilidades de resolução.

É claro que usando o seu talento, criatividade e persistência você poderá encontrar novas soluções para os problemas e vícios de leitura.

Como aumentar a capacidade de concentração

A leitura na era da informação

Dado vivermos em uma era em que a informação está acessível e se multiplicando a cada instante, é preciso que seu processo de leitura permita que esteja atento para que possa acompanhar o ritmo alucinante em que as informações circulam.

O sonho do guru dos anos 1960, Marshall McLuhan, que via o mundo como uma grande Aldeia Global, não só se concretizou como se transformou, hoje, na grande Aldeia Digital.

Peter Druker, em artigo publicado na edição de outubro de 1999 da revista *Atlantic Monthly*, afirma que a chamada "Revolução da Informação" é, na verdade, a "Revolução do Conhecimento", onde o computador é apenas o gatilho e a chave não é a eletrônica, mas sim a ciência cognitiva.

Bill Gates, em seu livro *A empresa na velocidade do pensamento – com um sistema nervoso digital* (Companhia das Letras, 1999), explica que um sistema nervoso digital deve levar rapidamente informações valiosas às pessoas que delas necessitem e que o termo *pessoal* na expressão *computador pessoal* significa que cada profissional do conhecimento dispõe de uma forte ferramenta para analisar e usar a informação fornecida por essas soluções.

O que percebemos, a partir da década de 1990, é que "estar conectado" virou um fator de sobrevivência para que haja o acompanhamento e ocorram os devidos ajustes aos novos cenários. E por estar conectado, hoje, não se compreende mais estar na frente do computador consumindo informação, mas estar em qualquer lugar compartilhando e criando conteúdo.

Com a constatação de que tecnologia existe de sobra, podemos concluir que o diferencial competitivo está em **VOCÊ**.

Surgem daí algumas questões:

1 Como lidar com essa avalanche virtual se o processo de leitura continua lento e ineficaz?

2 Será que a minha capacidade de leitura e de apreensão de informações evoluiu proporcionalmente aos avanços da tecnologia ou simplesmente migrou do papel para a tela?

3 Como eu devo fazer para conseguir manter a minha atenção na leitura quando há tantos estímulos?

Tais perguntas estabelecem uma situação-problema que surge com grande frequência para estudantes, concurseiros e profissionais.

É bastante comum a queixa de que a relação tempo/tarefas se estreita a cada dia. O que mais chama atenção nessas ocasiões é a dificuldade que as pessoas têm de lidar com tal situação.

O motivo de tal dificuldade é que, lendo tradicionalmente um livro, artigo ou um blog, por vezes nem percebemos que existem fatores que interferem negativamente, limitando a velocidade e prejudicando o resultado da leitura.

Alguns desses fatores são problemas que acabam sendo incorporados como hábitos. Apesar de serem prejudiciais, tendem a se perpetuar, se não forem identificados, avaliados como nocivos e eliminados. Um desses problemas é a desconcentração. A desconcentração ocorre, por vezes, em virtude da própria programação visual de uma página, onde um *banner* ou uma simples figura pode se transformar em um convite sedutor para um voo da imaginação.

A tecnologia disponibiliza um universo de informações e inúmeras chances de você se desviar do seu objetivo, principalmente quando não existe um treinamento apropriado.

Considerando que no caso de acesso à internet (web) os navegadores possibilitam que várias janelas sejam abertas simultaneamente, o volume e a velocidade em que as informações chegam são maiores do que em um texto impresso. No caso dos *smartphones*, essa situação se agrava ainda mais, pois um link se sobrepõe a outro e, por vezes, a conversa que começou em física nuclear acaba naquele vídeo engraçado do YouTube, no artigo do BuzzFeed. Basta alguns segundos de desconcentração para que os olhos percorram mecanicamente o texto e logo em seguida surja a pergunta: "Onde é que eu estava mesmo?".

Resposta: "Não estava!" Um pequeno desvio da atenção pode fazer com que o leitor se desconecte do assunto e viaje para outras dimensões.

Esse parcelamento da linha de raciocínio, as regressões em partes do texto e a sensação de não apreensão do conteúdo obrigam o leitor a refazer a leitura sistematicamente, ocasionando perda de tempo, baixo rendimento e desmotivação para a leitura.

Mas como resolver o problema da desconcentração frente aos asteroides que passam dificultando a navegação no mundo virtual? O que fazer para que o leitor consiga se "conectar" de forma ideal ao texto?

Seguem aqui algumas **dicas práticas**:

1 Tenha um foco bem estabelecido daquilo que você procura ao acessar um site. Se preferir, escreva o seu objetivo e deixe-o bem visível para que a todo momento você não se desvie do que deve ser feito.

Evite as posições desconfortáveis ou superconfortáveis, telas com muita incidência de luz (muito brilho), ambientes muito claros ou muito escuros. Tudo pode ser um atrativo para desviar sua atenção.

2 Faça uma visualização superficial do assunto das páginas a serem lidas antes de começar e estabeleça suas prioridades. Defina o quanto, o porquê e o que você precisa ou quer apreender daquilo que será lido.

Assim, o foco da sua atenção poderá estar dirigido para o objetivo preestabelecido, diminuindo a atenção periférica e eliminando as demais interferências de sua mente.

3 Procure ajustar a sua velocidade ao tipo de texto abordado.
Ajuste o *zoom* de forma que o tamanho da fonte seja mais facilmente visualizado. O conforto visual interfere diretamente na velocidade e na qualidade da leitura. Quando a fonte é muito pequena, a leitura acaba se tornando lenta e acaba sobrando tempo para a mente divagar.

4 Evite regredir sistematicamente na leitura de um texto.
As interrupções parcelam a linha de raciocínio e abrem lacunas para pensamentos paralelos, além de aumentar o tempo de leitura e desviar a sua atenção. Lembre-se do foco!

Problema
A desconcentração

Uma das principais queixas daqueles que precisam ler e estudar para provas e concursos é a dificuldade de concentração. Embora esta seja uma constatação evidente, raramente são tomadas medidas para eliminar ou atenuar o problema, que, por este motivo, tende a persistir.

CAUSAS

Grande parte do tempo efetivamente dedicado à leitura é desperdiçada com divagações. Algumas divagações surgem motivadas pela qualidade e conteúdo do que é lido; outras são oriundas de **preocupações**, simples **distrações**, **estresse**; outras são causadas por **interferências**, em função do ambiente onde a leitura é realizada.

SOLUÇÕES

Nesta etapa, abordaremos seis pontos que influenciam na concentração:

O ambiente

A falta de motivação

O interesse

O foco

A velocidade

O estresse

A escolha do ambiente

A escolha do local para a leitura é um fator importante para favorecer a concentração, bem como as questões ergonômicas.

A ergonomia (do grego *ergos*, trabalho, e *nomos*, norma, regra ou lei) estuda a relação do homem com os objetos que utiliza e o ambiente em que atua.

Os fatores ergonômicos, como tipo de mobiliário e posicionamento corporal, iluminação, ventilação e temperatura, podem ser o diferencial para manter a concentração em uma atividade por três, 30 ou até mais de 300 minutos.

Contudo, como escolher o local para estudar?

Escolha um local que reúna as melhores condições ergonômicas e com o mínimo de interferências, adotando um posicionamento corporal adequado para tornar a atividade a mais confortável possível.

Aproveite a iluminação natural sempre que puder, observando se o layout é adequado à leitura.

Posição recomendável

A cadeira deve permitir que a coluna do leitor permaneça ereta, apoiando-o das nádegas ao início do pescoço, com os braços apoiados, evitando dores lombares e cervicais.

A iluminação deve incidir sobre o ombro oposto à mão de maior habilidade, para não provocar sombras ou reflexos.

Posição não recomendável

A posição em que a luz atinge diretamente os olhos e provoca sombra no texto. O leitor fica de bruços e se apoia nos cúbitos, prejudicando a região lombar e cervical, além de causar dores de cabeça.

Superando a falta de motivação

Problema
A desmotivação

O leitor desmotivado carece de um estado de prontidão, o que dificulta o direcionamento da atenção à tarefa a ser realizada e, portanto, não produz a concentração sobre os estímulos, isto é, atenção focalizada.

Quando não estamos motivados, temos maior dificuldade de concentração, tornando mais difícil a retenção e posterior evocação daquilo que é lido.

Você já sentiu a sensação de "ter um branco" após ler um texto sem a devida atenção? Como já dissemos, o leitor desmotivado está mais sujeito a divagações. Influenciado por problemas e preocupações, pode se afastar da linha de raciocínio até então desenvolvida, obrigando-o a retroceder e repetir a leitura. Quando a ação de reler o texto torna-se sistemática, o leitor, desmotivado, normalmente o abandona.

CAUSAS

Uma das causas da falta de motivação na leitura é a crença de que não se conseguirá chegar ao término de um livro com mais de trezentas páginas ou de que livros grossos são "chatos".[5]

A falta de condicionamento da musculatura ocular faz com que o leitor se canse prematuramente, desmotivando-se para continuar a ler.

Além do **cansaço ocular**, existem outros dois fatores que diminuem a motivação do leitor: o **sono** e a **preguiça**.

1) **Sono** – resultado de um estado geral de fadiga ou da escolha inadequada de horário e local para ler.

2) **Preguiça** – gerada pela falta de estímulo que motive o leitor a se lançar no empreendimento da leitura.

Outra causa reside na dificuldade de manter **a atenção** durante um período prolongado. (Vide desconcentração, pág. 37.)

---

[5] Chato mesmo é ler sem aprender ou não ler e deixar o mundo passar sem crescer pessoal e profissionalmente.

SOLUÇÕES

Com o treinamento apropriado, você poderá facilmente dobrar ou triplicar sua velocidade, o que permitirá abordar um livro de trezentas páginas em um tempo bem menor do que o atualmente dispensado, usando menor energia e facilitando a manutenção da atenção.

A motivação para a leitura e a atenção dispensada à mesma estão diretamente ligadas ao interesse e à necessidade relacionada ao assunto que deve ser abordado.

Na atividade acadêmica, na preparação para um concurso, ou durante a leitura profissional, quando um assunto não é, a princípio, de grande interesse, uma simples preocupação pode ocasionar grandes divagações.

Quando o leitor não preestabelece um motivo ou finalidade para a leitura, fica mais difícil assumir uma atitude mental favorável, o que facilita a ocorrência da desconcentração.

Quando, erroneamente, se fala em "motivar alguém", na verdade se quer dizer fornecer **estímulos** ou **incentivos** para que a pessoa **se motive** a empreender uma ação. A motivação é pessoal.

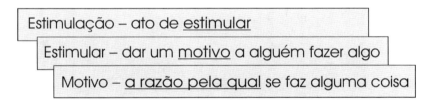

Estimulação – ato de estimular
Estimular – dar um motivo a alguém fazer algo
Motivo – a razão pela qual se faz alguma coisa

Se existe o motivo, pode então existir estímulo para que se descubram mecanismos capazes de satisfazê-lo.

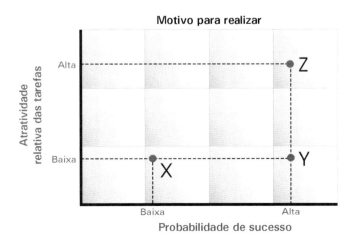

O motivo para realizar é pequeno:

X: quando o interesse e/ou a probabilidade de sucesso são pequenos.

Y: quando o interesse é pequeno e a probabilidade de sucesso é muito alta, eliminando o desafio pela certeza de sucesso. De vez em quando, o time melhor perde o jogo para o time mais fraco por causa disso.

O motivo para realizar é grande:

Z: quando o interesse é grande e a probabilidade de sucesso é suficientemente alta e condizente com o desafio.

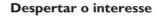

Despertar o interesse

É necessário desenvolver a concentração pelo emprego de meios capazes de fixar a atenção. Podemos facilmente dirigir a atenção para determinado assunto, porém só o interesse é capaz de mantê-la.

É muito mais fácil nos concentrarmos naquilo em que estamos interessados. Já aconteceu com todo mundo: não perceber o tempo passar, nem o que ocorre em volta ao se concentrar, verdadeiramente, em algo.

As perguntas que não querem calar são:

Como estimular o interesse das pessoas que precisam ler e estudar? Como enfrentar o desafio de ser bem-sucedido quando nem tudo consegue, por si só, despertar o interesse?

A resposta para ambos os questionamentos está em você se programar para ler o assunto. Você **cria um foco** quando estrutura um alvo a ser atingido e fornece o estímulo para gerar uma predisposição favorável à abordagem do material.

O estímulo é o que incentiva alguém a fazer alguma coisa. Para estar estimulado, você precisa de motivos. Existem duas formas que podem estimular o ser humano:

1ª   **Conseguir o que quer**
   Exemplos:
   - Ler com mais efetividade.
   - Passar em um concurso.
   - Sentir-se seguro.
   - Estar realizado pessoal e profissionalmente.
   - Ser feliz.

2ª   **Evitar o que não quer**
   Exemplos:
   - Ser explorado.
   - Ter um futuro incerto.
   - Fazer o que não gosta.
   - Não fazer o que gosta.
   - Ser infeliz.

O **estímulo** vai surgir quando você comparar o que **quer** com o que **não quer**, o que **tem agora** com o que **quer ter** ou **não quer ter** daqui a determinado tempo.

Você ficará mais estimulado, interessado e motivado se decidir parar para pensar nos seus objetivos.

Tanto na vida como na leitura, é preciso definir um objetivo, um foco, para que exista um motivo que aja como um estímulo para despertar o interesse.

Estabelecer um foco na leitura é um auxílio direto à concentração, tendo em vista que **não existem textos essencialmente interessantes**, dado que o assunto que agrada a um necessariamente não agrada a outro.

Existem, em contrapartida, leitores interessados, e estes, alavancados pela motivação, têm maiores chances de obter concentração e sucesso na leitura.

Porém, se o seu objetivo não é obter concentração, podemos dar algumas dicas de como usar a leitura para ter um sono de qualidade.

Dicas para usar o livro como um poderoso sonífero:

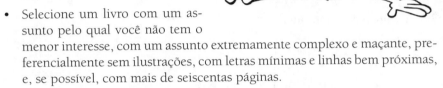

- Escolha um lugar bem confortável e aconchegante, de preferência a cama.
- Ligue um abajur de cabeceira, certifique-se de que a iluminação seja deficiente e procure relaxar ao máximo.
- Selecione um livro com um assunto pelo qual você não tem o menor interesse, com um assunto extremamente complexo e maçante, preferencialmente sem ilustrações, com letras mínimas e linhas bem próximas, e, se possível, com mais de seiscentas páginas.
- Abdique de qualquer objetivo para a leitura e leia por ler.
- Durante a leitura, pense em todos os prazeres que você poderia estar tendo em vez de ler. Pense nisso várias vezes.
- Finalmente, aproveite os benefícios de um sono profundo e revigorante.

Mas se o que você precisa é de uma leitura rápida e efetiva, então comece a...

Focar

Para que você possa manter a concentração na leitura, é preciso descobrir o **motivo** e definir o seu foco.

Focar é ter uma finalidade predefinida para o assunto a ser abordado.

Você pode ler um livro tendo como foco a cronologia dos acontecimentos, buscando os fatos que apoiam determinada teoria, fundamentos de uma doutrina etc.

Você é quem cria o foco e ilumina o objeto de leitura quando faz a antecipação de uma utilização prática ou de uma necessidade futura dos conhecimentos a serem lidos e estudados.

O foco fornece o impulso ou o estímulo para a ação e dirige o processo, conservando a mente voltada para aquele objetivo, até que ele seja atingido, ou melhor, gere a **concentração**.

Faça a estruturação do foco visualizando seu objetivo e estruturando suas metas.

Os objetivos (o que se quer atingir)

Você cria seus objetivos para a leitura quando define o que pretende alcançar, como ler o Código Penal para posteriormente fazer um fichamento.

As metas (quando e como atingir os objetivos)

Estruture suas metas, definindo quando e como atingir seu objetivo e viabilizando as etapas para a execução da tarefa.

Exemplo:

Objetivo – estudar o Código Penal.

Meta – fazer a abordagem do Código Penal no período de 20 dias, utilizando a manhã e parte da tarde para a leitura e o final da tarde para fichamento.

A pré-estipulação dos objetivos na leitura

Com uma avaliação prévia do texto, você consegue fazer a determinação dos objetivos com grande facilidade e economia de tempo, evitando assim as divagações que normalmente acontecem.

Na terceira etapa, que trata da pré-leitura, será apresentada a técnica de **leitura exploratória**, que permitirá a determinação do foco.

A velocidade na leitura

A velocidade na leitura também influencia no direcionamento e manutenção da atenção.

A velocidade em leitura dinâmica é um conceito relativo, pois varia com o tipo de assunto abordado e o propósito do leitor.

A leitura de um texto jurídico, certamente, exigirá menor rapidez do que a leitura de uma notícia jornalística.

Existem aqueles que leem tão lentamente que ao chegarem no final de uma página não conseguem mais recordar o que leram no início.

Quando o processo se realiza lentamente, a percepção periférica aumenta. Isso quer dizer que os ruídos, a movimentação e demais interferências acabam desviando a atenção do leitor da sua linha de raciocínio. É quando surge a tal pergunta de "onde eu estava" que comentamos no início do texto.

Resultado: o leitor precisa sistematicamente retroceder no texto para poder compreendê-lo, o que gera fadiga e, por vezes, desinteresse.

Com o **foco** estabelecido e a aplicação de um ritmo adequado, existe a ativação dos mecanismos do interesse e da atenção, direcionando o leitor para o texto.

Assim, cria-se um **"ambiente estanque"**, que minimiza as interferências externas, permitindo que se leia com concentração mesmo em locais onde não exista a condição de isolamento.

Quando o **nível de concentração** no texto é elevado, conseguimos suprimir até mesmo sons e ruídos que normalmente estariam desviando a nossa atenção ou interrompendo a leitura, como o som de um telefone tocando ou o ruído de uma cadeira sendo arrastada.

Aprendendo a lidar com o estresse

Problema
Eutresse/Distresse

Quando se fala em estudo, admite-se que a palavra ESTRESSE já esteja ali embutida. Segundo Hans Selye, o criador do termo, estresse é a resposta não específica do organismo a uma demanda específica que lhe seja feita.[6]

O estresse pode ser definido de forma mais fácil como o conjunto de reações adaptativas que atuam conjuntamente na natureza física e psíquica do homem.

O estresse em níveis ideais exerce uma ação positiva: funciona como um motivador, definido como o *sal da vida,* ativando um estado de prontidão, podendo ser chamado de EUTRESSE (*EU*, do grego *BOM*) ou bom estresse. O indivíduo, diante de determinado estímulo que provoca uma reação sobre o corpo, libera na corrente sanguínea uma série de hormônios, entre eles, a adrenalina, deixando-o pronto para a ação.

Os problemas começam a ocorrer quando o estresse atinge níveis elevados e se torna crônico, podendo ser chamado de DISTRESSE (*DIS*, do grego *ROMPER*) ou mau estresse, desencadeando uma série de consequências negativas para o bem-estar e a saúde.

---

[6] SELYE, HANS. *Stress Without Distress.* Philadelphia, PA: Lippincott, Williams & Wilkins, 1974.

Do ponto de vista do rendimento no estudo, o DISTRESSE pode significar: perda da criatividade, distúrbios da memória, desinteresse pelo desafio, distúrbios do sono, aumento da irritabilidade, sentimento de exaustão, distúrbios gastrointestinais, cefaleias, úlceras, infartos etc.

O estresse pode ser induzido emocionalmente, pois não está diretamente ligado à situação-problema, mas, sim, à forma como interpretamos e reagimos a tal situação.

Há aqueles se estressam só em ver a quantidade de assuntos a serem lidos, imaginando a dificuldade que enfrentarão para que sejam abordados, compreendidos e memorizados.

É importante perceber que a real causa do estresse não é o volume do material a ser abordado, mas, sim, fatores como o posicionamento mental assumido diante do desafio e do nível de habilidade em lidar com a tarefa.

Imaginemos dois candidatos disputando uma vaga em um concurso público que decidam se preparar para os exames e estejam submetidos a pressões cotidianas idênticas, porém com níveis de habilidade na leitura diferenciados.

CASO A

O primeiro aborda o material e tem pouca velocidade, sente dificuldade em manter-se concentrado, às vezes salta para uma linha errada e regride constantemente.

Anota tudo durante a leitura e percebe que a interrompeu demais e que não compreendeu bem o texto. Volta então e relê, notando que algumas partes não eram realmente importantes, mas já perdeu tempo.

Diante de todas as dificuldades enfrentadas, sente-se fatigado, fica preocupado com o desafio assumido e acaba subestimando sua capacidade. Há quem desista (fig. nº 1).

Palavras-chave: cansaço, angústia, sentimento de fracasso, desmotivação e, consequentemente, estresse.

CASO B

O segundo aborda o material com um satisfatório controle da movimentação ocular, adequando e variando o ritmo, conservando a mente absorvida no texto e direcionada pelos objetivos.

Com o texto compreendido, analisa e avalia as partes essenciais e as anota ou esquematiza, favorecendo uma revisão futura e o processo de memorização. Motivado pelos resultados, persegue o objetivo acreditando no sucesso (fig. nº 2).

Palavras-chave: satisfação, estímulo renovado, motivação e crescimento contínuo.

Conclusão: o estresse não é resultado somente das pressões a que estamos submetidos, mas sim da forma como conseguimos lidar com tais pressões. A mesma condição que estressa o candidato do caso A traz satisfação pessoal ao candidato do caso B.

Considerando um mesmo processo, podemos analisar duas situações diferentes:

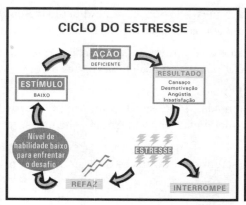

Fig. nº 1

Fig. nº 2

Aumentando o seu nível de habilidade, você poderá assumir maiores desafios sem ficar estressado.

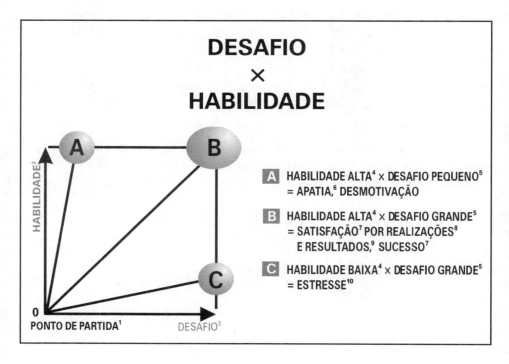

OBSERVAÇÕES

A seguir, descrevemos os conceitos apresentados no gráfico anterior.

1. **PONTO DE PARTIDA.** Com exceção de dom e talento, inatos, todos começamos a vida com desafios e pouca ou nenhuma habilidade para enfrentá-los. É no dia a dia que vamos construindo uma coisa e outra. Não se preocupe com "onde você está", ocupe-se em decidir "qual a direção que irá tomar". Cada um tem o seu tempo de acontecer. Desenvolva e aproveite as suas habilidades para vencer seus desafios.

2. **HABILIDADE.** É a capacidade de resolver problemas. Trata-se do somatório de talento, conhecimento e prática. Qualquer pessoa pode desenvolver equilibradamente sua habilidade através desses três fatores.

3. **DESAFIOS.** São os objetivos, metas, problemas ou situações com que nos deparamos.

4. **HABILIDADE ALTA OU BAIXA.** É resultado da ação que o tempo e o esforço da pessoa produzem em cada um dos aspectos anteriormente mencionados: dom, talento, conhecimento e prática. O ideal é possuir uma média desses quatro fatores, mas a pessoa pode compensar a falta de algum deles com o aperfeiçoamento dos demais. É importante notar que apenas dom e talento dependem da sorte, de já se nascer com o pendor ou "jeito" para fazer alguma coisa. O conhecimento pode ser obtido por meio do estudo, de vivências, experimentações práticas, exercício, treino. Ou seja, a habilidade é mais fruto de esforço e dedicação do que qualquer outra coisa.

5. **DESAFIOS GRANDES E PEQUENOS.** O tamanho do desafio depende do nível de habilidade daquele que o enfrenta. Quando o nível de habilidade é crescente, parece que o desafio vai ficando cada vez menor. Os investimentos feitos para o desenvolvimento das habilidades aumentam a predisposição e a segurança para enfrentar desafios.

6 **A APATIA.** Como já dissemos, faz o time grande perder para o pequeno. É como jogar só pelo empate e tomar um gol aos 44 minutos do 2º tempo. Não desperdice oportunidades. Não "entre em campo" só para "cumprir tabela". Se é para fazer, faça bem-feito. Se não valer a pena, vá ao cinema.

7 **A SATISFAÇÃO.** É a consequência de atingir seus objetivos e metas, assim como a superação de desafios e o desenvolvimento obtido com a utilização das próprias habilidades. Não confundir esta ideia com a de SUCESSO. A satisfação tem a ver com o sucesso, mas este não para por aí. O sucesso deve ser complementado com alegria, humildade e novos projetos. Também é importante saber que o sucesso real não é um destino determinado, mas uma jornada feliz, plena.

8 **AS REALIZAÇÕES.** São momentos da vida. Devemos aprender a aprender com nossas vitórias e derrotas. Devemos nos alegrar com nossas realizações, mas sem gerar acomodação. Devemos seguir em frente, com humildade e fé.

9 **OS RESULTADOS.** Chegam sempre. Mais cedo ou mais tarde, desde que faça por onde, você os verá. A Bíblia diz: "Tudo que o homem semear, isso também colherá." Você é livre para escolher o que vai plantar, mas sempre vai colher aquilo que está plantando. Aliás, por falar nisso, o que você tem plantado?

10 **O ESTRESSE.** Apenas atrapalha sua vida. Por isso, deve ser controlado. O estresse nasce com a má administração dos desafios e das habilidades, e com a falta de organização e/ou a má administração do tempo.

CONTROLAR O DEDO

Problema
Apontar durante a leitura

Acompanhar a abordagem do texto com os dedos ou utilizar apoios mecânicos, como caneta ou régua durante a leitura, pode causar a sensação de conforto. É por esse motivo que acabamos deixando de perceber e analisar as consequências.

A utilização de recursos mecânicos na realização da leitura acaba reduzindo a velocidade e parcelando a apreensão do conteúdo.[7]

CAUSAS

O hábito de apontar, utilizando os dedos ou a caneta, muitas vezes tem origem no medo de saltar para a linha errada, consequência de movimentos oculares imprecisos ou da dificuldade de fixar a atenção.

SOLUÇÕES

O hábito de apontar age como um par de muletas para um indivíduo que pode caminhar perfeitamente.

Em outras palavras, o artifício, que deveria ajudar, acaba dificultando a realização da leitura.

A dica prática para evitar que o apontar ocorra é formar o hábito de segurar o material a ser lido, garantindo um posicionamento mais confortável do que se encurvar sobre o texto para obter a distância adequada para a leitura.

---

[7] Existem diferentes correntes de leitura dinâmica. Algumas adotam o movimento da mão para a sua realização, mas não é uma prática que incentivamos.

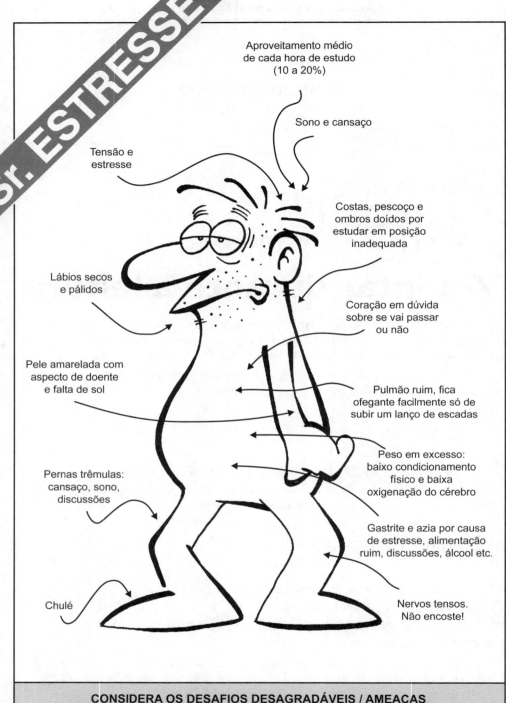

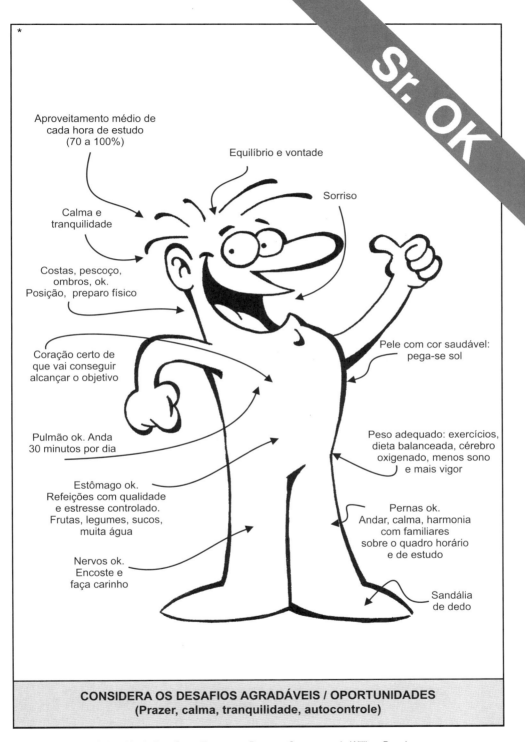

* Extraído do livro *Como Passar em Provas e Concursos*, de William Douglas.

Otimização **do grifo**

Problema
O grifo durante a leitura

Quanto ao grifo, é interessante refletir sobre a sua utilidade e o modo de realizá-lo.

Ter a caneta ou o lápis na mão durante a leitura é um convite irresistível para que você grife, de imediato, tudo aquilo que pareça importante, seja importante ou não, interrompendo a linha de raciocínio e correndo o risco de terminar com a página toda grifada.

CAUSAS

Quando o grifo é orientado pelo hábito, ele tende a ocorrer ao mesmo tempo que se lê, dando a sensação de que está se fazendo uma grande economia de tempo.

Outras vezes, o grifo é motivado pelo medo de esquecer partes importantes, levando o leitor a marcar o texto compulsivamente.

Utilizar a ferramenta de qualquer uma dessas formas faz com que nada o que está grafado seja importante.

SOLUÇÕES

Só comece a grifar quando tiver certeza do que deve ser destacado.

O grifo não deve ser realizado durante a primeira leitura pela seguinte razão:

Análise do grifo
Função:
Dar destaque.
Objetivo do destaque:
Pontos considerados importantes a serem memorizados ou revisados, auxiliar a síntese etc.
Conclusão:
Para que você tenha a real identificação das partes mais importantes, faz-se necessária uma abordagem inicial global e compreensiva do conteúdo para que se defina o que é principal e o que é acessório. Em seguida, você poderá realizar o grifo de forma segura, rápida e objetiva.

QUE NEGÓCIO É ESTE DE NÃO GRIFAR NA **PRIMEIRA**, MAS SIM NA **SEGUNDA** LEITURA?

Nem sempre o melhor caminho entre dois pontos é uma linha reta. Às vezes, os aviões fazem curvas na rota para, aproveitando o vento, economizar combustível e chegar mais rápido ao destino. A natureza nos ensina isso. Você já viu um rio em linha reta ou a forma como um grupo de pássaros voa?

Às vezes, pensamos que ler um texto mais de uma vez é perda de tempo. Contudo, é importante atentar para a relação entre tempo utilizado e percentual de captação.

Por isso, na leitura, vale a pena fazer inicialmente uma pré-leitura, para que você se situe no assunto que será abordado; uma leitura integral e compreensiva, para que você compreenda o texto e identifique as partes que devem ser grifadas; e, com base nos grifos realizados, uma pós-leitura para fixação das informações em destaque.

DICAS PRÁTICAS

A) Evite grifar períodos muito longos. Como sugestão, você poderá usar uma chave a fim de chamar atenção para os trechos que considerar mais importantes.

B) Sublinhar as frases que considere de maior efeito e/ou circular palavras-chave do texto.

Grifando desta maneira, consegue-se uma significativa economia de tempo e um maior destaque dos pontos considerados fundamentais.

A figura A mostra um texto onde o leitor grifou o trecho selecionado quase integralmente. Na figura B, o grifo assume um aspecto onde facilmente podem ser distinguidos o trecho a que se quer dar destaque (assinalado com a chave), as frases de efeito (sublinhadas) e as palavras-chave circuladas.

2

O QUE É O ESTUDO

Estudar é divertido, agradável e compensador. Mesmo que alguma matéria não seja muito útil no resto da vida, ela terá sua importância para algum degrau a ser pisado, para alguma fase a ser superada. Estudar deve ser considerado algo prazeroso, um hábito de vida, o fruto de uma curiosidade permanente.

Sobre o que é estudar já falou um dos maiores educadores que conhecemos, Paulo Freire (Ação cultural para a liberdade e outros escritos):

"Estudar seriamente um texto é estudar o estudo de quem, estudando, o escreveu (...). É buscar as relações entre o conteúdo em estudo e outras dimensões afins do conhecimento. Estudar é uma forma de reinventar, de reescrever, de recriar - tarefa de sujeito e não de objeto."

Ainda do ensino e palavras de Paulo Freire, pode-se dizer que estudar é uma atividade que exige uma postura crítica, na qual aquele que estuda se sente desafiado pelo texto em sua totalidade e seu objeto é apropriar-se de sua significação. Estudar é assumir uma postura curiosa: a de quem pergunta, a de quem indaga, a de quem busca. Estudar é assumir uma relação de diálogo com o autor do texto. Estudar é uma atividade que exige humildade. Estudar não é memorizar mecanicamente, como se o saber fosse uma doação dos que se julgam sábios aos que julgam nada saber. Estudar é, sobretudo, pensar a prática, e pensar a prática é a melhor maneira de pensar certo.

Mira Y Lopes completa dizendo que estudar é concentrar todos os recursos pessoais na captação e assimilação de dados, relações e técnicas que conduzem à solução de um problema, e que aprender é uma mudança positiva no rendimento. Aprender significa prender-se efetivamente. Aprender é obter o resultado procurado na atitude de estudo.

❋ Quando se passa a estudar dessa forma (reinventando, questionando, atuando como sujeito e não como objeto, buscando uma mudança positiva no rendimento), passa a ter muito mais graça.

O método socrático de estudo, o predileto do Professor Sylvio Motta, também pode ser útil ao aluno pois bem resume uma excelente dinâmica de aprendizado.

Fig. A

2

O QUE É O ESTUDO

Estudar é divertido, agradável e compensador. Mesmo que alguma matéria não seja muito útil no resto da vida, ela terá sua importância para algum degrau a ser pisado, para alguma fase a ser superada. Estudar deve ser considerado algo prazeroso, um hábito de vida, o fruto de uma curiosidade permanente.

Sobre o que é estudar já falou um dos maiores educadores que conhecemos, Paulo Freire (Ação cultural para a liberdade e outros escritos):

"Estudar seriamente um texto é estudar o estudo de quem, estudando, o escreveu (...). É buscar as relações entre o conteúdo em estudo e outras dimensões afins do conhecimento. Estudar é uma forma de reinventar, de reescrever, de recriar - tarefa de sujeito e não de objeto."

Ainda do ensino e palavras de Paulo Freire, pode-se dizer que estudar é uma atividade que exige uma postura crítica, na qual aquele que estuda se sente desafiado pelo texto em sua totalidade e seu objeto é apropriar-se de sua significação. Estudar é assumir uma postura curiosa: a de quem pergunta, a de quem indaga, a de quem busca. Estudar é assumir uma relação de diálogo com o autor do texto. Estudar é uma atividade que exige humildade. Estudar não é memorizar mecanicamente, como se o saber fosse uma doação dos que se julgam sábios aos que julgam nada saber. Estudar é, sobretudo, pensar a prática, e pensar a prática é a melhor maneira de pensar certo.

Mira Y Lopes completa dizendo que estudar é concentrar todos os recursos pessoais na captação e assimilação de dados, relações e técnicas que conduzem à solução de um problema, e que aprender é uma mudança positiva no rendimento. Aprender significa prender-se efetivamente. Aprender é obter o resultado procurado na atitude de estudo.

❋ Quando se passa a estudar dessa forma (reinventando, questionando, atuando como sujeito e não como objeto, buscando uma mudança positiva no rendimento), passa a ter muito mais graça.

O método socrático de estudo, o predileto do Professor Sylvio Motta, também pode ser útil ao aluno pois bem resume uma excelente dinâmica de aprendizado.

Fig. B

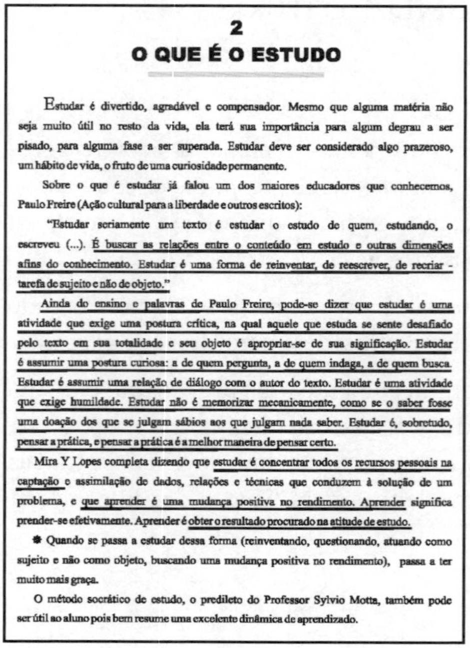

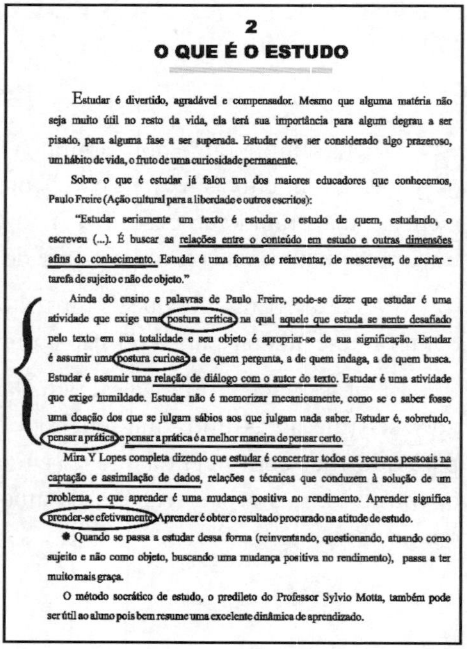

Essa prática torna o resgate posterior das informações mais fácil e preciso.

DICAS PRÁTICAS

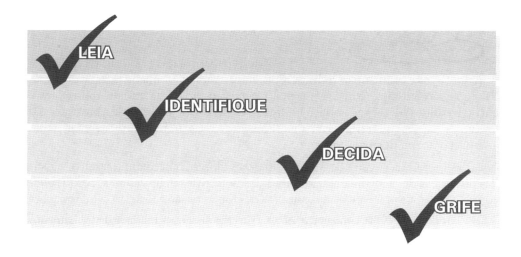

A movimentação da cabeça

Problema
Acompanhar a leitura com a cabeça

Movimentar a cabeça lateralmente durante a leitura torna a captação dos símbolos gráficos tão imprecisa quanto tirar fotografias num movimento de balanço.

O movimento lateral da cabeça dificulta o controle dos movimentos oculares, ocasionando o salto para a linha errada, interrompendo a linha de raciocínio e forçando o leitor a fazer uma regressão.

CAUSAS

E. Javal (1879), Landolt (1891), Lamarre (1893), Ahrens (1894) e Erdmann e Dodger (1898) mostraram, na primeira metade do século XIX, que, ao contrário do que se imagina, a captação não é feita durante todo o tempo em que os olhos "deslizam" sobre o impresso. O que ocorre na verdade é uma sucessão de saltos e fixações que encadeiam uma sucessão de imagens num ritmo regular, dando a sensação de um **deslizar** contínuo.

Por volta da década de 1930, os pesquisadores começaram a fazer o registro das diferenças dos movimentos dos olhos dos bons e dos maus leitores, pesquisando como se relacionavam com os mecanismos da compreensão e fixação de informações.

Por volta de 1940, começou a ser estabelecida uma possibilidade de treinamento.

Os movimentos oculares realizados durante a leitura são de origem voluntária, podendo ser observados e controlados; ou involuntários – descobertos por Lockard e Fozard, em 1956 –, de alta frequência, irregulares, bruscos e curtos, provocados por cintilação.

Somente durante **fixações** ou **pausas oculares** a imagem fica projetada de forma estacionária sobre a retina, sendo enviada até o cérebro para que seja processada.

O esquema a seguir representa os movimentos realizados na leitura:

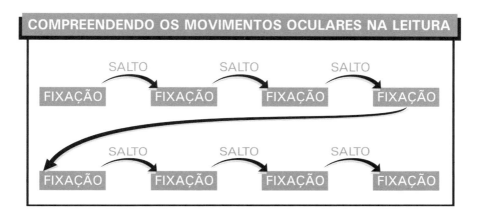

Quando a cabeça se movimenta paralelamente aos olhos, o somatório de todos esses movimentos dificulta a realização de uma pausa ocular precisa, comprometendo assim a leitura.

Reflita agora sobre as ocasiões em que você usa unicamente o movimento dos olhos... Conseguiu identificar?

Dificilmente você movimentaria unicamente os olhos para ver o último andar de um arranha-céu ou uma moeda caída no chão.

A cabeça tende a acompanhar o direcionamento dos olhos, deixando de exercitar a musculatura responsável por esse tipo de movimento.

O movimento da cabeça durante a leitura normalmente surge de uma tendência natural de compensar o movimento lateral dos olhos, causando saltos para uma linha errada e regressões.

SOLUÇÕES

É importante melhorar a sua habilidade visomotora. Fixando a cabeça e exercitando adequadamente a musculatura ocular, você poderá realizar a leitura com maior precisão. Além disso, você estará trabalhando o seu campo visual e aumentando o seu nível de consciência e atenção para a correção do problema.

Com os exercícios propostos na terceira etapa, você estará "amaciando" essa musculatura, adaptando-a às novas condições de leitura.

> *Mais valem os desacertos do intento que as certezas da inércia.*
> Pe. Antonio Vieira

MINIMIZAR REGRESSÕES

O problema
A regressão involuntária na leitura

É bastante comum regredir durante a leitura. Algumas vezes, podemos dizer até que é imprescindível.

O problema não está em voltar para recordar uma parte esquecida do texto ou rever um capítulo interessante. O que realmente ocasiona incômodos é a regressão como hábito.

Quando esse hábito se transforma em vício, começa a ocorrer espontaneamente e passa a não ser mais controlado pelo seu nível consciente. Consequentemente, o motivo da regressão deixa de ser analisado.

O resultado de repetidas regressões é o parcelamento da linha de raciocínio, que prejudica a compreensão e retenção do texto lido, ocasionando ainda um desperdício do precioso tempo disponível para a leitura e causando desmotivação ou desinteresse.

CAUSAS

As regressões podem ocorrer por múltiplas causas:

- **Desconcentração** – gerando a pergunta: "Onde eu estava mesmo?" Resposta: "Eu não estava" (obrigando o leitor a reler o texto).
- **Salto para a linha errada** – obriga o leitor a regredir para retomar a linha de raciocínio.
- **Vocabulário deficiente** – o vocabulário pobre induz o leitor a regredir sempre que se depara com um termo desconhecido.
- **Visualização deficiente** – a regressão pode ocorrer em função de deficiências visuais não corrigidas, dificultando a percepção dos signos impressos.

SOLUÇÕES

- Tenha o seu **propósito** de leitura claramente definido para facilitar a concentração.
- **Segure o texto** para facilitar a visualização, evitando o salto para uma linha errada.
- Diversifique a sua leitura, procurando abordar assuntos variados para enriquecer seu **vocabulário**.
- Evite interromper a leitura para **consultar o dicionário** cada vez que encontrar uma palavra desconhecida.

Prossiga na leitura, pois quando um autor introduz um termo novo normalmente explica em seguida o seu significado. Além disso, muitas vezes, o próprio contexto fornece condições de identificar o termo desconhecido, mas sem interromper sistematicamente a sua linha de raciocínio.

Caso você tenha prosseguido e mesmo assim não tenha conseguido identificar o significado de determinada palavra, agora, sim, com a visão macro do texto, você deve consultar o dicionário e verificar a definição que mais se adéqua ao contexto apresentado.

- Verifique se a sua **acuidade visual** está perfeita consultando um oftalmologista.
- Execute com afinco os **exercícios oculares** propostos e cuide para que a ocorrência da regressão esteja sob controle.

❝ *O mundo abre passagem ao homem que sabe para onde está indo.* ❞
Ralph Waldo Emerson

Eliminar a vocalização

Problema
A vocalização

Acompanhar a leitura com o movimento de lábios e da língua, a vibração das cordas vocais ou a repetição oral daquilo que é lido funciona como dirigir um carro com o freio de mão puxado.

Podemos ler tão rápido quanto os olhos conseguem captar e o cérebro pode processar as informações.

Quando ocorre a vocalização, a velocidade tem o seu limite estabelecido pela capacidade de reprodução oral das palavras que compõem o texto (normalmente 50 a 100 palavras por minuto).

CAUSAS

O processo de leitura, muitas vezes, funciona com base silábica. Nesse caso, o sentido das palavras se estabelece pelo encadeamento de sílabas, o sentido das frases pelo encadeamento de palavras e o sentido do texto pelo encadeamento de frases.

O condicionamento a uma leitura processada lentamente contribui também para que ocorra a verbalização.

O fato de que em muitas salas ensina-se a ler falando, associado às constantes avaliações da leitura que são feitas em voz alta, pode criar um condicionamento que influencia na formação da vocalização.

SOLUÇÕES

- Inicialmente, perceba se você realmente possui o vício. Nesse caso, faça um investimento pessoal no treinamento de velocidade, buscando uma captação menos parcelada dos elementos do texto.

- Preste atenção se movimenta os lábios e/ou vibra as cordas vocais durante a leitura.
- Caso o vício continue resistindo, experimente morder um lápis durante o treinamento para alterar gradativamente o padrão de movimentação labial.

Reconhecer e superar a subvocalização

Problema
A subvocalização

A subvocalização produz um efeito idêntico ao da vocalização. Reduz e limita a velocidade da leitura ao ritmo da recitação oral, porém não apresenta movimentação labial.

Todo o processo ocorre como uma "pequena voz" que acompanha mentalmente a leitura".

Quando fatores externos impelem o leitor a ler mais rapidamente, a "voz mental" não consegue acompanhar o ritmo, causando uma sensação de desconforto. Automaticamente, o ajuste é feito com a redução da velocidade.

Para entender a palavra **casa**, você não precisa ouvir o som de cada sílaba isoladamente. O cérebro associa a imagem ao conhecimento do que a palavra significa. O mesmo pode ser feito com as demais palavras de um texto mediante de exercícios de leitura dinâmica. O problema é que o leitor provavelmente foi condicionado a vocalizar cada sílaba desde a infância e continua a fazê-lo até hoje, sendo, portanto, a única forma de leitura por ele conhecida. A proposta, aqui, é a quebra desse paradigma de leitura através dos exercícios de velocidade, onde é estabelecida uma relação olho-mente (ver e entender), onde o tempo gasto para produzir, mesmo que mentalmente, o som das palavras não é desperdiçado. Nos exercícios, é previsto um desconforto inicial, que vai diminuindo conforme o leitor condiciona o seu cérebro a reagir mais rapidamente aos estímulos visuais apresentados.

CAUSAS

A subvocalização, assim como a vocalização, tem como origem o processo de aprendizado da leitura, reforçado pela prática de ler palavra por palavra, mesmo que silenciosamente.

SOLUÇÕES

A subvocalização deixará de ser um fator limitador da velocidade de leitura a partir do momento em que a estimulação estabelecida pelos exercícios propostos eleve a velocidade de raciocínio, consolidando a chamada **relação olho-mente,** na qual o hábito de associar "sons" às palavras visualizadas é eliminado.

Dica prática: quando estiver treinando, o propósito é imprimir máxima velocidade de visualização para estimular o cérebro a acelerar. O exercício de visualização acelerada (fora de sua zona de conforto) deve persistir por tempo suficiente para que o cérebro comece a reagir mais rapidamente. Nessa fase de estimulação veloz, o propósito não é de compreensão e muito menos memorização. Portanto, o desconforto é desejável.

Não é possível alcançar resultados diferentes fazendo tudo da mesma maneira. Ouse e acelere!

A subvocalização é eliminada quando a leitura é realizada acima de 250 palavras por minuto, em que se estabelece a relação direta olho-mente. A recomendação é de um treino de quinze minutos diários. Este exercício não deve se limitar à utilização do livro. Você também deve utilizar e aplicar o mesmo princípio a situações cotidianas – como a leitura de jornais, revistas, textos on-line etc. – que são excelentes formas de estimular a velocidade.

Seguem mais algumas sugestões de exercícios cotidianos:
1 – Visualização de placas se carro em um flash de olhar (em seguida procure ver se conseguiu captá-la com precisão).
2 – Visualização rápida de cartazes (aplique uma leitura veloz e visual, não permitindo a produção mental do som das palavras). Volte ao cartaz em seguida e verifique o seu nível de captação.
3 – Assista a filmes legendados procurando captar de um só relance o sentido das frases.

Os exercícios do livro que visam consolidar a relação olho-mente encontram-se na terceira etapa (relação estímulo × resposta).

Visualizar os problemas por meio do diagrama de causa e efeito

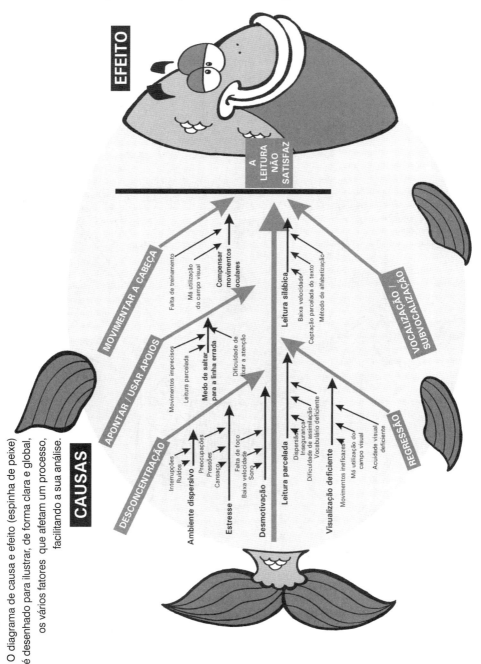

Diagrama de Ishikawa ou de causa e efeito

O diagrama de causa e efeito (espinha de peixe) é desenhado para ilustrar, de forma clara e global, os vários fatores que afetam um processo, facilitando a sua análise.

QUADRO-SÍNTESE DA SEGUNDA ETAPA

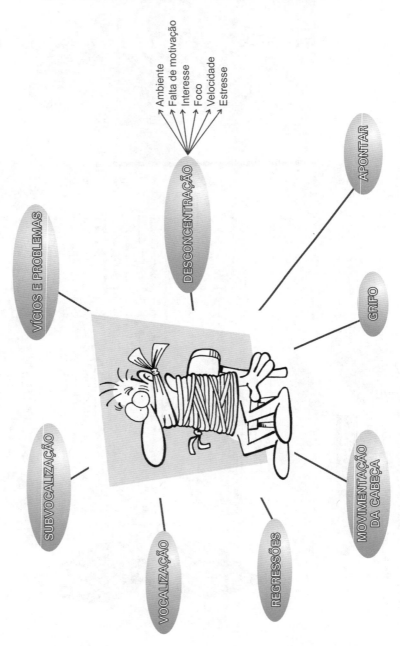

TERCEIRA ETAPA

Nesta etapa,
você aprenderá a pré-leitura de um
texto, a melhorar seu campo visual e
a aprimorar sua velocidade.

Capítulo 3

RELAÇÃO ESTÍMULO-RESPOSTA

O cérebro e os estímulos

O **cérebro responde** de forma proporcional aos estímulos que recebe. Se você, durante anos, vem lendo lentamente, os estímulos vêm sendo enviados em baixa velocidade para o cérebro, que responde de forma igualmente lenta.

Na **leitura dinâmica,** os estímulos são enviados mais rapidamente para o cérebro, elevando a velocidade de raciocínio.

As leituras tradicional e dinâmica admitem uma faixa de variação de velocidade e de compreensão.

Para que você compreenda em que se baseiam os exercícios de velocidade, faremos a análise de diferentes situações.

Primeiramente, admite-se que a velocidade de leitura varia entre 50 e 150 palavras lidas por minuto, com a compreensão variando entre 70 e 100%.

A região resultante dessas variações é demonstrada na fig. nº 1, sendo chamada de **área de conforto**.

É na **área de conforto** que atuamos no nosso cotidiano, onde aceleramos a leitura quando o assunto é de fácil assimilação e reduzimos o ritmo quando o assunto abordado é mais complexo.

Chamaremos de velocidade de equilíbrio o nível de leitura em que se obtém o melhor rendimento (equilíbrio) entre rapidez da leitura e percentual de captação.

Cotidianamente, precisamos ajustar a **velocidade de leitura** à natureza do texto, mas não podemos abrir mão de uma boa compreensão. Por esse motivo, acabamos limitados entre os "mínimos e máximos" de nossa área de conforto.

Se, experimentalmente, rompermos o limite mínimo de velocidade de leitura (fig. nº 1, ponto **x**), reduzindo-a ao extremo, a compreensão ficará prejudicada, pois a baixa velocidade poderá parcelar em demasia a visão do texto e tornar difícil a estruturação da linha de raciocínio, além de estarmos mais propensos à dispersão.

É claro que se estivermos meditando sobre o texto poderemos passar vários minutos relendo e pensando sobre uma frase, procurando entendê-la. Se a intenção é essa, não há qualquer problema.

Reflita sobre as vezes em que você leu *quase parando* ao lidar com um texto de difícil assimilação.

Em contrapartida, se rompermos o limite máximo de velocidade de leitura, acelerando-a ao extremo (fig. nº 1, ponto **y**), a compreensão também ficará prejudicada, pois estaremos visualizando mecanicamente informações, porém acima da nossa capacidade de raciocínio.

Reflita sobre as vezes em que você *disparou* ao olhar para o relógio, percebendo que o tempo limite para o término de uma leitura estava prestes a se esgotar.

É claro que o "ponto ótimo atual", ou velocidade de equilíbrio, pode ir aumentando à medida que você estuda e pratica a leitura dinâmica e efetiva.

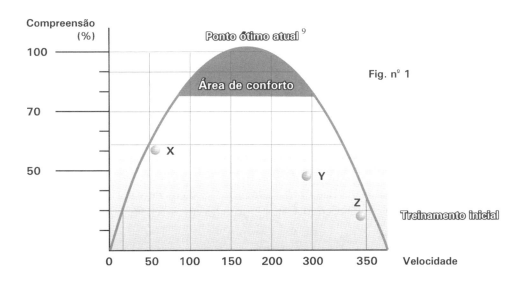

O ponto ótimo é obtido quando na área de conforto estabelecem-se níveis superiores àqueles obtidos tradicionalmente (fig. nº 2, ponto **W**). Ou seja, quando a velocidade de raciocínio permite ao leitor obter uma boa compreensão aplicando ritmo de leitura mais elevado. Repare que da fig. nº 1 para a fig. nº 2 a velocidade de leitura aumentou.

---

[9] Ou "velocidade de equilíbrio".

Exemplo: ler um livro a 300 palavras por minuto, com 90% de compreensão, obtendo como resultado um rendimento três vezes superior ao seu nível tradicional. Dessa maneira, os limites da área de conforto também ficam ampliados.

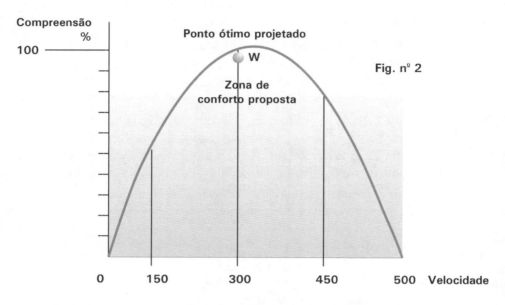

Para que o raciocínio acelere, é preciso que a velocidade de captação (velocidade mecânica de leitura) seja mantida em níveis superiores à da velocidade de raciocínio, estimulando o cérebro a reagir mais rapidamente.

Isso significa que **inicialmente, e em regime de treinamento inicial**, estaremos trabalhando em alta velocidade de leitura, deixando a compreensão em segundo plano, representada pelo ponto Z da fig. nº 1.

A captação será estimulada pelos exercícios práticos de velocidade. Simultaneamente, estaremos estabelecendo a substituição de vícios de leitura por práticas de leitura estruturadas.

No momento em que iniciar o treinamento, a alteração da relação estímulo-resposta causará um desconforto inicial (fase de adaptação ao processo de aceleração).

Lembre-se de que você está em treinamento! Para obter resultados diferentes, é preciso que as ações na leitura sejam diferenciadas. Os vícios exercerão alguma resistência; portanto, esteja consciente disso e seja perseverante para alcançar os objetivos propostos.

Uma vez rompida a inércia, você logo estará se adaptando aos estágios posteriores.

Agora, vamos aos exercícios.

EXERCÍCIOS PROPOSTOS

Como aumentar sua velocidade mecânica e treinar a musculatura ocular

A PISTA DE PROVAS

Os exercícios que você realizará em seguida visam levá-lo a fugir do que, tecnicamente, chamamos de **área de conforto**.

Sair da **área de conforto** significa alterar o padrão da relação estímulo-resposta, o que resulta em uma situação inicial de desconforto.

Então, aqui vão algumas dicas práticas para você enfrentar mais facilmente o desafio:

- Tenha um relógio ou cronômetro à mão para fazer o controle do tempo.[10]
- Certifique-se de que entendeu o objetivo do exercício.
- Para que possa acelerar, despreze a compreensão. Lembre-se: o objetivo agora é aumentar a velocidade.
- Nos exercícios onde existem itens selecionados, primeiro memorize o item e depois visualize a coluna procurando identificá-lo. Repita a operação a cada item.

---

[10] Evite o uso do celular como cronômetro. Você pode ser distraído por alguma notificação/ligação.

Exercício de velocidade Execute o exercício na vertical	1 – tóxico 8 – mico 2 – bailar 9 – dieta 3 – morte 10 – elo 4 – anjo 11 – foca
1 – Visualize as colunas na vertical em alta velocidade, procurando identificar, uma a uma, as palavras selecionadas ao lado. Acelere ao máximo, sem medo de errar.	5 – saúde 12 – idoso 6 – mosca 13 – direta 7 – beliche 14 – pai

revista	ferreiro	mares	capacitação
metal	fileiras	pontudo	homem
rápida	sonhar	assento	poste
máquina	cacique	saúde	mico
violência	eficaz	foca	formação
ajuda	palavra	elevador	louco
fera	dinheiro	manifestação	prefeito
dieta	guerra	ditadura	assoalho
índio	tubulações	elo	fileiras
cadeira	vaca	sonhar	esquisito
dieta	estouro	autoridade	imponente
percebido	coma	doutorado	correção
forte	miséria	fita	goste
tóxico	copo	fracionar	mácula
noiva	saudade	direita	preferido
carvão	codificar	poste	macaco
esforço	atestado	bailar	recrutamento
outro	maestro	estremece	mercado
casa	contabilidade	licenciado	idoso
pai	pílula	maduro	forte
técnica	asma	fatigar	prescrição
nuvem	paz	dialética	momento
vantagens	anjo	repleta	morte
cabeça	indústria	fogo	aperitivo
vaca	mordem	soco	menino
rápida	doce	carroça	libera
ministério	pestana	direta	dinheiro
noiva	beliche	mosca	estudo
tóxico	vitela	folhagem	porte
cortiço	mineral	ave	mundo
guerra	alvenaria	poderio	aponte
configuração	anjo	merece	escada

CAPÍTULO 3 ‖ RELAÇÃO ESTÍMULO-RESPOSTA

Exercício de velocidade Execute o exercício na vertical	1 – estouro 8 – ave 2 – fita 9 – pipa 3 – cravo 10 – oito 4 – ossos 11 – vapor
1 – Visualize velozmente as colunas, procurando identificar, uma a uma, as palavras selecionadas ao lado. 2 – Visualize as quatro colunas, uma a uma, no tempo de 25 segundos. Estimule a sua capacidade de reconhecimento.	5 – mato 12 – raio 6 – voto 13 – grupo 7 – código 14 – anjo

revista	tifo	vitela	lenta
rei	parafuso	distinto	rude
ossos	mico	odor	sorvo
noiva	pai	máscara	bombeiro
beliche	técnica	mola	estudo
paz	perfeito	ares	seminário
código	sorvete	mato	feio
asma	pipa	espelho	cravo
lenta	acho	normal	ave
rude	ação	pelo	minas
sorvo	fazia	ferreiro	feiticeira
bombeiro	estouro	tranças	raça
salvo	goma	raio	tranças
plástico	estremece	praça	raio
máquina	filho	fatigar	praça
saudade	uvas	baile	fatigar
febre	macaco	solo	baile
mão	trigo	prefeito	solo
violência	tímido	casa	prefeito
tóxico	código	sermos	curso
cidade	vapor	febre	cavalo
ação	receita	mineral	oito
mudo	camisa	grupo	muralha
fita	olho	revista	ministério
entanto	tencionado	rei	anjo
faca	dinheiro	ossos	vitela
cor	radiografia	noiva	distinto
largo	corvo	beliche	odor
grupo	escada	paz	máscara
lógica	voto	código	mola
gato	anjo	asma	ares

Exercício de velocidade
Execute o exercício na vertical

Agora, acelere, deixando a compreensão em segundo plano.
1 – Visualize as quatro colunas em 25 segundos.
2 – Visualize, agora, procurando atingir a meta de 20 segundos!
Lembre-se de sobrepor a sua vontade à força do hábito! Mantenha a velocidade!

estratégia	paladino	televisão	somatório
moleza	pai	discordo	biscateiro
urutu	técnica	molejo	maleável
começo	tifo	poliglota	aconchegar
direito	mulher	astúcia	importante
mato	astro	comentários	parafuso
espelho	perfeito	amigável	ação
normal	camelo	estrutura	fazia
pelo	matuto	mico	estouro
ferreiro	conquistador	sorvete	goma
lógica	dormindo	pipa	antropologia
gato	melado	acho	organismo
prolongado	contorno	melhoria	sacudir
radiografia	balão	sonegar	assoalho
parafuso	focaliza	milharal	melodia
esquemático	mameluco	computador	certeiro
moléstia	teclado	elegante	fracionar
desenvolvido	relógio	sonífero	alvenaria
cadastro	garrafa	cordialmente	constituição
purgatório	elogio	familiar	mosquete
alegria	faculdade	violento	protetora
enriquece	norte	sapato	receita
mosquito	biscoito	comida	medicamento
planejamento	caderno	elementar	tencionado
migalhas	animal	sutileza	seminário
torresmo	desperta	maremoto	garantida
estrelismo	sujeito	divã	submarino
manual	matilha	socador	videocassete
comitê	ordenado	estilista	teatro
família	angústia	navegar	dentista

Exercício de velocidade Execute o exercício na vertical	1 – 2144 8 – 1029 2 – 5667 9 – 5802 3 – 4557 10 – 9008
1 – Visualize as colunas, em alta velocidade, para identificar, um a um, os números selecionados ao lado. Certifique-se de que está acima da velocidade de conforto!	4 – 0990 11 – 2984 5 – 5258 12 – 7676 6 – 5983 13 – 2498 7 – 5488 14 – 8343

1945	4389	5983	3843
1738	6548	0358	5463
3734	1234	3459	8478
7597	5667	8589	7134
3876	2435	8389	4006
5802	3245	1029	8894
7683	5768	0303	3774
0997	7390	4356	9183
3423	2424	0968	3486
3478	7464	0897	7863
4537	0990	7238	4552
3243	1223	2452	9887
5258	2343	7839	7887
7856	4326	8234	8967
6457	7895	9345	4557
8490	8092	7585	8369
2984	2845	4864	5488
9473	9706	5423	5678
4580	9008	6349	7845
2144	0971	9089	8956
5343	4343	3203	9283
3590	8923	4897	3789
4236	7359	5038	6232
9540	0780	3571	2347
7433	9785	2345	4359
8453	7358	2323	9574
5360	0899	7676	1652
3431	3984	5683	8459
2345	2498	9029	8343

Exercício de velocidade Execute o exercício na vertical	1 – 21342 8 – 20894 2 – 77663 9 – 32434 3 – 72445 10 – 61951 4 – 94456 11 – 25184
1 – Visualize as colunas, em alta velocidade, para identificar, um a um, os números selecionados ao lado. 2 – Visualize as quatro colunas, uma a uma, em 25 segundos. Esforce-se para reconhecer o número por inteiro.	5 – 16482 12 – 64355 6 – 58890 13 – 40345 7 – 48335 14 – 12242

34526	34368	45696	72445
64345	13562	66357	12989
63788	40345	46215	56987
56688	46434	59502	20894
66794	98466	98744	94129
37475	59572	56472	23873
95783	89802	43794	87438
41899	83674	08838	60975
21342	34984	64281	10912
54121	69778	93424	74569
48335	63854	47366	84403
95645	79344	04096	61951
56448	03787	46558	28495
65565	76612	70896	42194
49663	24922	46559	12249
24009	93935	78096	34043
65634	77663	24348	12109
77790	19642	96623	27253
85694	31894	55489	24453
97670	73453	80327	86763
73237	80968	64355	23478
23401	72213	75321	76098
54807	64945	94456	25184
65974	58890	09936	83141
32434	45836	52623	65732
43866	52429	16482	21162
24238	60821	44180	43222
21344	94653	43858	12242
24928	56548	87575	33459

CAPÍTULO 3 ‖ RELAÇÃO ESTÍMULO-RESPOSTA

Exercício de velocidade Execute o exercício na vertical	1 – régua 8 – mastro 2 – 4004 9 – 1245 3 – ostra 10 – praia 4 – 5643 11 – 3434 5 – cavalo 12 – avião 6 – 7783 13 – triste 7 – anjo 14 – conta

1 – Visualize as colunas, em alta velocidade, para identificar, um a um, os itens selecionados ao lado.
2 – Visualize as quatro colunas, uma a uma, em 25 segundos. Evite a subvocalização mantendo a velocidade alta!

casa	1485	moleira	5643
1233	módulo	2341	justiça
posta	0102	retrato	4562
l658	navio	0960	mosquete
conta	9972	mastro	3434
4567	vídeo	4004	armário
sobras	3759	papel	5823
0975	televisão	4095	corvo
válvulas	3360	mascate	3209
4389	mouse	1003	estado
comum	3665	carro	1252
2365	avião	1245	comove
mescla	4095	estrutura	0683
0987	estudo	5931	postal
questão	5467	impresso	0028
1335	chuva	0909	cavalo
régua	1010	bolo	7432
8990	janela	4567	triste
chuva	6652	escada	6767
0220	teclado	3434	jogada
máquina	4926	fantasia	1399
5031	ostra	9463	messias
lápis	4567	assoalho	3434
3570	carneiro	2567	armada
conta	2398	praia	4561
2309	rádio	7783	comove
cordeiro	1463	anjo	9980
7945	cobertor	1096	novilho
entrada	3560	caminhão	4474

Exercício de velocidade Execute o exercício na vertical	1 – isolador 8 – 438530 2 – 179067 9 – carroça 3 – provedor 10 – 489051 4 – 120230 11 – apagador
1 – Visualize as colunas, em alta velocidade, para identificar, um a um, os itens selecionados ao lado. 2 – Visualize as quatro colunas, uma a uma, em 25 segundos. Mantenha o ritmo e supere sua marca.	5 – albatroz 12 – 4319921 6 – 035913 13 – maravilha 7 – inspiração 14 – 984620

sorrateiro	abastecer	mamadeira	carcaça
676391	635671	097231	120230
margarida	carroça	encantado	manifestação
234978	460943	509095	683630
nascimento	lambreta	maravilha	paralelogramo
438530	748738	035913	037454
moscatel	salarial	pesquisador	inspiração
497602	198393	1857590	103839
apagador	martelada	empolgado	blasfêmia
031871	398455	3173643	583763
vasilhame	abrangente	magazine	cosmonauta
090679	489051	429103	582001
jogadores	cordeiro	fotográfica	grandioso
368473	543523	245687	984743
nadadeira	maquiagem	manequim	antecipação
453161	135343	724917	187367
oftálmico	estruturado	embriagado	encantamento
438450	098774	098735	038464
brincadeira	navegação	competente	448341
404848	emocionante	provedor	maracanã
372289	461834	1325490	947640
enterrada	isolador	borboleta	fundamental
179067	235098	9725221	132422
Moçambique	recursos	antepassado	trovoada
339358	954048	0876539	404875
marionete	estourando	furiosos	magistrado
152673	183420	4319921	504784
albatroz	transformador	fantasias	
884350	984620	765201	

OK!

Agora que você trabalhou um bom tempo fora da área de conforto, certamente já soltou o freio de mão do processo de leitura.

Faça uma aferição da sua velocidade de leitura no teste que segue.

LEIA RÁPIDO E MARQUE O TEMPO!

Um meio simples de causar uma primeira impressão boa

Dale Carnegie

Tomei parte, recentemente, em um jantar em Nova York. Um dos convidados, uma senhora que havia herdado certa quantia, estava ansiosa para causar uma impressão agradável a todos. Gastara uma pequena fortuna em peles, diamantes e pérolas. Mas nada fez em favor do seu rosto. Irradiava aspereza e egoísmo. Não compreendeu o que todos os homens sabem: que a expressão apresentada por uma mulher na sua fisionomia é muito mais importante do que os vestidos que usa. (A propósito: eis uma coisa boa a ser lembrada quando a esposa quiser comprar capote de peles.) Charles Schwab disse-me que seu sorriso valia um milhão de dólares. E, certamente, estava declarando a verdade. Para a personalidade de Schwab, seu encanto, sua habilidade para fazer com que as outras pessoas gostem dele são quase inteiramente responsáveis pelo seu extraordinário êxito na vida; e um dos fatores mais atraentes da sua personalidade é o seu cativante sorriso.

Número de palavras: 153   Marque agora o seu tempo!   Min.____ seg.____

QUADRO DE DESEMPENHO	TESTE DE VELOCIDADE	RESULTADO
Velocidade Ppm	(153 : tempo em minutos)	

Continue o treinamento e procure a superação de resultados!

O próximo passo consiste no condicionamento dos movimentos oculares para a leitura. Invista no desenvolvimento da sua habilidade visomotora!

ACELERANDO PARA MUDAR

Exercício de habilidade visomotora
Execute o exercício na horizontal

1 — Visualize os signos impressos nas linhas, em alta velocidade, fazendo quatro pausas oculares.
Lembre-se de fixar a cabeça e movimentar somente os olhos.

Segure o livro com as duas mãos, para facilitar o posicionamento (vide pág. 57), e tome cuidado para não saltar para a linha errada. Tempo: 20 segundos.

1	A	3	M
A	B	C	D
4	F	X	5
Q	V	3	T
E	F	Z	H
D	T	5	W
Z	2	5	5
I	J	K	L
A	M	3	0
M	M	N	O
1	K	9	Q
P	Q	R	S
Y	W	2	6

CAPÍTULO 3 || RELAÇÃO ESTÍMULO-RESPOSTA

> **Exercício de habilidade visomotora**
> **Execute o exercício na horizontal**
>
> 1 – Visualize os signos impressos nas linhas, em alta velocidade, fazendo três pausas oculares.
> Lembre-se de fixar a cabeça e movimentar somente os olhos para melhor estimular a sua musculatura ocular.
> Tempo: 20 segundos.

1.................................A.................................4

B.................................8.................................X

5.................................D.................................6

A.................................3.................................X

4.................................F.................................2

P.................................5.................................S

0.................................V.................................3

L.................................9.................................G

9.................................R.................................5

I.................................7.................................K

4.................................L.................................8

A.................................5.................................K

1.................................0.................................6

M.................................4.................................Z

84

> **Exercício de habilidade visomotora**
> **Execute o exercício na horizontal**
>
> 1 – Visualize os signos impressos nas linhas, em alta velocidade, fazendo duas pausas oculares.
> Movimente somente os olhos elevando a velocidade ao seu limite de mobilidade ocular. Lembre-se de manter a cabeça imóvel!
> Tempo: 15 segundos.

1..A

B..2

3..C

D..4

5..E

F..6

7..G

H..8

9...I

J..10

11..K

L..12

13..M

Agora, aplique o padrão de movimentação treinado no teste abaixo:

> **Execute o exercício na horizontal,
> reduzindo as pausas oculares**
>
> Leia o texto em alta velocidade, procurando realizar, no máximo, três fixações por linha.
>
> Dirija a sua atenção para a captação global do texto.
>
> Evite a leitura palavra por palavra.
>
> Tempo proposto: 25 segundos.

Dois ratos e a decisão na crise[11]

Veja a reação de dois ratos de laboratório diante de uma situação de vida ou morte:

O primeiro rato havia sido condicionado ao pessimismo. Sua vida no laboratório era um inferno. A comida fornecida tinha um gosto extremamente amargo. Quando se aventurava para fora do cativeiro, através das saídas entreabertas, recebia fortes choques. Como consequência, em pouco tempo deixou de se aventurar, mantendo-se recolhido em sua gaiola, recusando comida. O segundo rato tinha a vida que pediu a Deus. Comida à vontade. Amplo espaço. Brinquedos. Visitas periódicas de ratas perfumadas e simpáticas. Era o verdadeiro paraíso.

A crise preparada no experimento consistia em jogar os dois ratos numa bacia d'água aparentemente sem saída. O primeiro rato olhou a situação e, por força do seu pessimismo, entregou-se logo às águas e afogou-se.

O segundo rato entrou nas águas com espírito recreativo, divertindo-se muito enquanto aguardava a salvação que certamente viria. Sua última declaração antes de perceber que era tarde demais: "Mas isto não pode estar acontecendo comigo!"

Existia no caso uma saída para ambos. Havia um dispositivo que, acionado por um leve movimento, elevaria na bacia uma pequena plataforma submersa. Bastava encostar. Entretanto, o rato pessimista desistiu antes de avaliar a situação e o roedor otimista gastou seu tempo divertindo-se num mundo de fantasia, alheio à dura realidade que enfrentava.

Nenhum dos ratos avaliou durante a situação em que se encontrava. Influenciados pelos seus condicionamentos anteriores, eles enfrentavam a nova situação como se fosse uma continuação do passado. E é justamente aí que reside uma grande causa da tomada de decisões inadequadas: **a falta de avaliação com isenção do condicionamento anterior.**

Número de palavras: 270

---

[11] Texto retirado do livro *Processo decisório: da criatividade à sistematização*, Paul Campbell Dinsmore e Paulo Jacobsen. Rio de Janeiro: COP Editora, 1985.

> **Exercício de velocidade com movimentação controlada**
> **Execute o exercício na horizontal**
>
> Leia o texto em alta velocidade, fazendo três pausas oculares por linha.
>
> Foco: sem reduzir a velocidade, procure descobrir o que, a quem e de que forma está sendo ensinado.
>
> Só reduza a velocidade quando, posteriormente, você for aferir a sua captação.

[12]ENSINANDO	DESDE	PEQUENOS
Ao contrário	da imagem	mais difundida,
a de animais	ariscos	e pouco sociáveis,
gatos podem ser	condicionados	pelo homem
quando filhotes,	tornando-se	extremamente dóceis.
Para os filhotes,	o período	mais importante
da sociabilização	é o que vai	das duas às sete
semanas iniciais	de vida.	Quanto mais cedo
e com maior	frequência	os animais
forem tocados,	mais amistosos	e ligados
às pessoas	se tornarão	posteriormente.
Conversar com	os gatinhos	contribui para
sua sociabilização.	O temperamento	dos gatos
é um importante	fator no	relacionamento
com os homens.	Cientistas	já identificaram
pelo menos	três tipos	de personalidade:
um é sociável,	calmo e confiante;	o segundo
é caracterizado	como tímido,	nervoso
envergonhado e	pouco amistoso;	o terceiro,
como agressivo	e ativo.	Cerca de 15%
dos filhotes	resistem à	sociabilização,
sendo extremamente	quietos e lentos,	características
que podem	ser observadas	logo após
o nascimento.	E que podem	ser hereditárias.

Número de palavras: 145

---

[12] **William K. Stevens**, in *The New York Times*.

Exercício de velocidade com movimentação controlada
Execute o exercício na horizontal

Leia o texto em alta velocidade, fazendo três pausas oculares por linha.

Foco: sem reduzir a velocidade, procure descobrir qual é o bicho do homem e por que ele recebe este apelido.

BICHO	DO	HOMEM[13]
O cultivo do	bicho-da-seda	e da abelha
existe há milênios.	Esses dois tipos	de inseto
quase nada têm	em comum além	de haverem sido
multiplicados	pelo homem.	Seus modos
de vida	também são	tão divergentes
que o longo processo	de domesticação	que foi aplicado
praticamente não	afetou as abelhas;	entretanto,
transformou os	bichos-da-seda em	monstrengos,
tornando-os incapazes	de sobreviver	em liberdade.
O drástico processo	degenerativo que	os atinge
começou quando os	primitivos habitantes	da Ásia central
descobriram que	os fios produzidos	pelas lagartas
de uma espécie	de mariposa eram	excelente para
a confecção de	cordões e tecidos.	
A partir de então	– e por 4 mil anos –,	as lagartas
tecedoras	passaram a ser	recolhidas
da natureza	e reproduzidas em	locais destinados
à proliferação,	locais onde havia	com fartura
a sua única fonte	de alimento:	folhas de amoreira.
Atualmente, não	existem em	estado nativo
e se desconhece	a época em que	desapareceram das
florestas da China.	É possível que	isso tenha ocorrido
há mais de	2 mil anos.	

Número de palavras: 167

---

[13] **Roberto Muylaert Tinoco**, in Revista *Superinteressante*.

> **Exercício de velocidade com movimentação controlada**
> **Execute o exercício na horizontal**
>
> Leia o texto em alta velocidade, fazendo três pausas oculares por linha.
> Foco: aplicar a maior velocidade que permita descobrir quais os fatores relevantes para se ler com maior eficiência.
> Permaneça estimulando a velocidade.

A CONCENTRAÇÃO E A EFICIÊNCIA NA LEITURA[14]

Em grande parte,
com divagações.
outras resultantes de simples
Essa dificuldade em
É necessário que se desenvolva
fixar a atenção.
assunto, porém
E como estimular o interesse do
abordado em uma
consegue despertar o
predisposição favorável
à concentração, tendo
leitores interessados. Quando o
impulso ou estímulo para a
voltada para aquele objetivo
prévia do texto,
objetivos com grande
das divagações que
ou finalidade é estabelecido
contribui, também,
realiza lentamente, existe
linha de raciocínio, tendo
compreendê-lo, o que gera
desenvolver a velocidade
atenção para os hábitos
apropriado, aqueles que a
cabeça e dedos.
leitura e evita-se o risco de
Estando fixados os
a organização do
presentes no cotidiano,
necessidade.

o tempo efetivamente gasto
Algumas são sugeridas
distrações ou em função
manter a atenção é causa de
a concentração pelo
Podemos dirigir facilmente
só o interesse é capaz
leitor no seu cotidiano?
determinada rotina
interesse. Uma atitude
à abordagem do
em vista que não existem
leitor tem uma finalidade,
leitura, como dirige o processo
até que ele seja atingido.
consegue-se fazer a
economia de tempo,
normalmente ocorrem
para a efetuação da leitura.
para a concentração.
tempo para que interferências
o mesmo que retroceder
fadiga e desmotivação.
na leitura consiste,
que a promovem,
retardam, como
Dessa forma, garante-se a
formação de hábitos
hábitos desejáveis, pode-se,
processo com relação aos
fazendo da leitura uma

com a leitura é desperdiçado
pelo próprio material,
do ambiente onde a leitura é realizada.
grandes problemas.
emprego de meios capazes de
a atenção para determinado
de mantê-la.
Nem todo material
de trabalho, por si só,
mental correta e uma
material são auxílios diretos
textos interessantes, mas sim
não só apresenta o
e conserva a mente
Mediante uma avaliação
estipulação dos
evitando, assim, muitas
quando nenhum motivo
A celeridade da leitura
Quando o processo se
atuem, desviando o leitor de sua
no texto para poder
O primeiro passo para
inicialmente, em dirigir a
eliminando, por treinamento
movimento dos lábios,
agilização do processo de
prejudiciais.
então, dirigir a atenção para
diversos tipos de materiais
ferramenta ajustável à sua

Número de palavras: 337

[14] Ricardo Soares

CAPÍTULO 3 ‖ RELAÇÃO ESTÍMULO-RESPOSTA

Exercício de velocidade com movimentação controlada
Execute o exercício na horizontal

Leia o texto em alta velocidade, fazendo duas pausas oculares por linha.

Foco: descobrir no menor tempo possível qual é a mentira do texto.

Tempo proposto: 20 segundos.

A

Sei da história
americano ou escocês
o hemisfério
o qual, uma vez,
auditório que
fez saber que
iria falar sobre
– Vou pregar amanhã
Advertiu o
– Peço, porém,
queridos ouvintes que,
do que irei dizer,
o capítulo dezessete
Considero indispensável
No dia seguinte,
– Aqueles que leram
de São Marcos,
recomendação,
Levantaram-se todos
E o pastor prosseguiu:
os verdadeiros ouvintes
de hoje
porque em verdade
o capítulo dezessete.
de São Marcos
dezesseis capítulos.

MENTIRA[15]

de um pastor
(já não me lembro
deste conto),
ao largo e atento
costumava ouvi-lo,
no dia seguinte
o pecado da mentira:
sobre a mentira.
bom pastor.
a todos os meus
para melhor preparação
leiam todos
de São Marcos.
essa leitura prévia.
inquiriu previamente:
o capítulo XVII
conforme a minha
queiram levantar-se.
como um só homem.
– Sois vós realmente
do meu sermão
sobre a mentira,
não existe
O Evangelho
tem apenas

Número de palavras: 142

---

[15] João Ribeiro

> **Exercício de velocidade com movimentação controlada**
> **Execute o exercício na vertical**
>
> Leia o texto em alta velocidade, fazendo uma pausa ocular por linha.
> Foco: descobrir no menor tempo possível o que foi a BLITZKRIEG.
> Tempo proposto: 15 segundos.

BLITZKRIEG[16]

Exatamente às 4h45
do dia 1º de setembro
de 1939, depois de
um forjado acidente
de fronteira,
as Forças
Armadas alemãs
iniciaram sua ofensiva
sobre a Polônia,
numa ação combinada
de infantaria,
blindados e aviação,
que desencadeou a
Segunda Guerra Mundial
e entrou para a
História com o nome
de "Blitzkrieg"
(Guerra Relâmpago).
Em meio à ofensiva,
a União Soviética
também invadiu
o território polonês,
nos termos
do pacto firmado,
dias antes,
entre Hitler
e Stalin
para dividir o país.
O governo
da Polônia
capitulou no dia 27.
A Blitzkrieg,
essa revolucionária
concepção de guerra,
consistia basicamente
em operações rápidas,
combinando com precisão
o avanço da infantaria
com o apoio dos
tanques e da aviação.
E o território polonês,
de superfície plana,
prestou-se perfeitamente
à execução prática
da estratégia.

Número de palavras: 129

---

[16] **Drew Middleton,** in *The New York Times.*

> **Exercício de velocidade com movimentação controlada**
> **Execute o exercício na vertical**
>
> Leia o texto em alta velocidade, fazendo uma pausa ocular por linha.
>
> Foco: descobrir no menor tempo possível qual a relação do texto com o título ARMÁRIO.
>
> Tempo proposto: 20 segundos.

ARMÁRIO[17]

Eu queria, senhora,
ser o seu armário
e guardar os
seus tesouros
como um corsário.
Que coisa louca:
ser seu guarda-roupa!
Alguma coisa sólida,
circunspecta e pesada
nessa sua vida
tão estabanada.
Um amigo de lei
(de que madeira
eu não sei).
Um sentinela
do seu leito
– com todo o respeito.
Ah, ter gavetinhas
para suas argolinhas.
Ter um vão
para o seu camisolão
e sentir
o seu cheiro, senhora
o dia inteiro.

Meus nichos
como bichos
engoliriam suas
meias-calças,
seus sutiãs
sem alças,
E tirariam nacos
de seus casacos.
E no meu chão,
como trufas,
as suas pantufas...
Seus echarpes,
seus jeans,
seus longos e afins.
Seus trastes
e contrastes.
Aquele vestido
com asa
e aquele de
andar em casa.
Um turbante antigo.
Um pulôver amigo.
Bonecas de pano.
Um brinco cigano.

Um chapéu de aba larga.
Um isqueiro sem carga.
Suéteres de lã
e um estranho astracã.
Ah, vê-la se vendo
no meu espelho,
correndo.
Puxando, sem dores,
os meus puxadores.
Mexendo com o
meu interior
– à procura
de um pregador.
Desarrumando meu ser
por um prêt-à-porter...
Ser o seu segredo,
senhora,
e o seu medo.
E sufocar,
com agravantes,
todos os
seus amantes.

Número de palavras: 196

---

[17] **Luis Fernando Verissimo**

> **Exercício de velocidade**
> **Leia rápido e marque o tempo!**
>
> Leia o texto no menor tempo possível e avalie sua velocidade mecânica.
> Despreze a compreensão neste exercício e acelere ao máximo!

Será o Bonifrate?[18]

Quedei-me incrédulo ante a conspicuidade que me prestaram ao termo "bonifrate", do qual me servi durante acepipes e pitéus deglutidos por ocasião da efeméride do habitáculo do dileto correligionário naireves. Por que tamanho pasmo? Acaso seria eu totalmente ignaro do vernáculo? Pensam os que clamam contra mim que só frequento valhacouto de papalvos onde o chulo é primaz? Triste falácia. Sou douto palrador. Apenas, por vezes, oculto a plêiade do meu verbo, plectro puro, por natural recato.

Deleito-me ao refletir no semblante alvar dos malquistados, se me ouvissem brindar com mais vocábulos a malta platípode que repito. Assombraram-se com bonifrate, que tal casquilho? Casquilho, sim, tem jetetura. Julga massar-me a chusma abolestada. Recolham-se! Da minha boca jamais ouvirão linguajar de bolicheiro.

Indago, o que mais fácil: praticar choldraboldra em passeatas crepitosas ou cultuar a última flor do lácio inculta e bela? A pureza da língua é meu colunelo. Bonifrate, disse, e não burlei cânones de escribas. Faz parte do meu colóquio hodierno: como estarola, óbice e bolônio. Perde em estesia a farândula e seu ódio esgueia-se em fina gaivagem. Aos que imaginam que sou galucho, respondo com o galarim do estilo. Apraz-me a condição de turgimão do esdrúxulo. Não galreio com lapuzice a não ser quando quero igualar-me à luna. Pouco caso dos néscios que não percebem o néctar de expressões para mim prezáveis, pois uma pinhoca só não faz parreira. Pimpem, pimpem, aldrabões! Não me aceitam maniloquente, por receio do cortejo. É mister que a pletora erudita de uns seja a carência mísera de outros. Nem sei por que abespinhar-me, quando no fundo não passam de biltres, bucéfalos e calaceiros. Reles bufarinheiros.

---

[18] **Jô Soares**, in Revista *Veja*, 30/09/1992.

Quanto a mim, conduzo a veação com rédea firme. Não tremeluz a mão que exerce o ofício. Ao contrário do que dizem os que me asseteiam, sou imune à bajulação dos áulicos. Com o intuito de denegerir-me, os pérfidos enliçadores formam sodalícios, contubérnios, conventículos e corrilhos numa pandilha de telérrimos, salardanas. Aleivosias não desenastrarão alianças e com maranduvas não evitarão minha manutenência soberana. Pensam-na esmadrigado? Há! Há! Desato numa casquinada. Enfim, repito: contra mim, estão os sevandijas, bulhentos, sardanapalescos, pirangas, caramboleros, pecos e bolônios. O mais e dichote.

Basta de chirinola.

Jô Soares, in Revista *Veja*, 30/09/1992.

Número de palavras: 364	Marque agora o seu tempo!	Min.____ seg.____
QUADRO DE DESEMPENHO	TESTE DE VELOCIDADE	RESULTADO
Velocidade Ppm	(364 : tempo em minutos)	

SEU CAMPO VISUAL

Ampliando sua percepção periférica

Fixe o olhar em um ponto definido do local onde você está.

Agora, procure perceber tudo aquilo que está a sua volta, sem desviar o olhar.

Notou o quanto você pode perceber com a visão periférica?

Em todos os momentos, estamos utilizando o nosso campo visual, porém muitas vezes deixamos de desenvolvê-lo na leitura por desconhecermos essa possibilidade.

Quando lemos, também utilizamos o nosso campo visual ou visão periférica para fazer a captação visual das palavras.

O aumento da velocidade de leitura pode ser feito pelo alargamento do campo visual, isto é, pelo aumento da quantidade de palavras captadas por pausa ocular.

Com o campo visual ampliado, podemos reduzir o número e o tempo das pausas oculares, acelerando o processo e diminuindo o cansaço na leitura.

**Experimente agora fixar o olhar no x,
procurando perceber as palavras à sua volta.**

Os exercícios propostos a seguir visam obter um melhor aproveitamento do seu campo visual na leitura.

EXERCÍCIO OCULAR

Pratique a movimentação ocular obedecendo:

1 – A ordenação numérica dos pontos 1 – 2 – 3 – 4 – 5 – 6 – 7 – 8.

2 – A fixação inicial no centro (figura do olho): salte para A, volte a fixar o olho, salte para o B, volte a fixar o olho, e assim sucessivamente.

3 – A orientação alfabética no sentido horário e depois no sentido inverso.

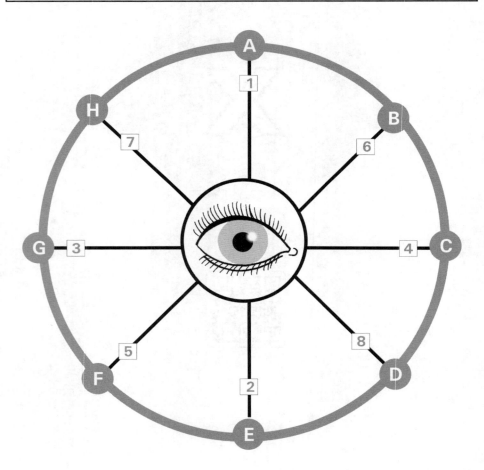

Exercício para ampliação de campo visual
Execute o exercício na vertical

Percorra as colunas de cima para baixo e em alta velocidade, procurando identificar os pares de palavras idênticas.

ROÇA	BOSSA	PORTE	LOTES
FOSSA	FOSSA	NORTE	FORTE
MOÇA	MOSCA	CASTOR	CASTRO
CORTE	MORTE	CASTO	CASTO
POSTE	GOSTE	PASTO	PASTOR
SORTE	FOSTE	MOTOR	MOTIM
FEITOR	VETOR	MATAR	MENTIR
SETOR	SEITAS	JEITO	LEITO
PASTO	POSTO	REITOR	LEITOR
PASTA	PASTA	COÇA	BOLSA
SETAS	SETAS	LOUÇA	NOSSA
COPA	COLA	MEXER	MEXER
SOLA	BOLA	MOVER	MORRER
SELO	CELA	LOTES	BOTES
SELO	CELA	VOTEI	VOTEI
CENA	CENA	SELO	CELA
BUSCA	FUSCA	LEVAR	LAVAR
LUCRO	MUCO	LUVAS	LEVAS
CONDE	CONTE	GASTA	GOSTA
FONTE	MONTE	POSTA	LOTAR
BONDE	FONTE	ROMA	POMAR
SORTE	SORTE	LAVAR	LEVAR
MASTRO	MESTRE	PISCAR	LISTAR
VISTO	MISTO		

Exercício para ampliação de campo visual
Execute o exercício na vertical

Percorra a coluna abaixo percebendo as palavras da esquerda e da direita simultaneamente.

Obs.: Procure visualizar a coluna de forma centralizada.

Aqueles	que
querem	ler mais
rápido e	melhor
precisam	trabalhar
inicialmente	bem mais
rápido do que	estão acostumados.
Os nossos olhos	funcionam como
câmeras fotográficas	e a captura das imagens
acontece quando é	feita a pausa ocular
e a imagem fica projetada	de forma estacionária na retina.
A aceleração dos movimentos	reduz o tempo das pausas oculares,
estimulando o leitor a aumentar sua	área de reconhecimento e captar blocos de
palavras, reduzindo o número	de pausas em uma linha impressa.
A redução do número de pausas oculares	amplia o campo visual, diminui o cansaço
na leitura e condiciona o leitor para	uma abordagem mais rápida e precisa.

EXERCITANDO A SUA HABILIDADE VISOMOTORA

**Exercício para ampliação de campo visual
Execute o exercício na horizontal**

Leia o texto em alta velocidade, realizando apenas uma pausa ocular para cada unidade de visualização contida nos retângulos.
Tempo: 15 segundos.

Evite as regressões	que parcelam a	linha de raciocínio.
Faça exercícios de leitura,	estabelecendo	sempre novas metas.
Aborde colunas verticais	em jornais para	exercitar seu campo visual.
Varie o número de fixações	de acordo com a	amplitude da linha impressa.
Empregue as técnicas de	síntese gráfica de textos	para facilitar a memorização.

CAPÍTULO 3 II RELAÇÃO ESTÍMULO-RESPOSTA

Exercício para ampliação de campo visual
Execute o exercício na horizontal

Leia o texto em alta velocidade, realizando apenas uma pausa ocular para cada unidade de visualização contida nos retângulos.

Tempo: 15 segundos.

| Procure aumentar o seu vocabulário | e seu poder de | assimilação lendo bons livros. |

| Habitue-se a pré-ler os textos, | preparando-se para | o tipo de leitura que vai fazer. |

| Evite formar preconceitos. | Leia imparcialmente o texto | e depois critique, |

| formando sua opinião. |

| Eleve o seu nível de assimilação | acelerando ao máximo | sua velocidade nos |

| exercícios de estimulação. |

Exercício para ampliação de campo visual
Execute o exercício na horizontal

Leia o texto em alta velocidade, realizando apenas uma pausa ocular para cada unidade de visualização contida nos retângulos.
Tempo: 15 segundos.

| Ao ler, conserve a sua | atenção voltada para | o seu objetivo, |

| minimizando as chances | de desconcentração. |

| Certifique-se de que | está lendo corretamente, | fazendo uma autoanálise |

| dos seus problemas | e vícios de leitura. |

| Quando se sentir tentado | a fugir da orientação | dada para o exercício, |

| resista; é a força | do hábito tentando | falar mais alto. |

| Valerá a pena! |

CAPÍTULO 3 || RELAÇÃO ESTÍMULO-RESPOSTA

Exercício para ampliação de campo visual
Execute o exercício na horizontal

Leia o texto em alta velocidade, realizando apenas uma pausa ocular para cada unidade de visualização contida nos retângulos.

Tempo: 15 segundos.

| Desenvolva o seu | campo visual | procurando ler as frases, |

| abarcando o maior | número de palavras | em cada fixação. |

| Aprenda a se concentrar | em qualquer ambiente. | Nem sempre você |

| encontrará, no dia a dia, | o ambiente ideal para ler. |

| Condicione a sua leitura | ao menor número | de fixações possível, |

| mesmo que o | esforço inicial para | compreender aumente. |

| Impeça a ocorrência | da subvocalização | aumentando sua velocidade. |

Execute o exercício na horizontal
Exercício para ampliação de campo visual

Leia o texto em alta velocidade, realizando apenas uma pausa ocular para cada unidade de visualização contida nos retângulos.
Tempo: 15 segundos.

| Procure sempre adequar | a velocidade ao tipo de texto | e ao seu propósito |

| na leitura, para obter | maior compreensão. |

| Se você chegou | até aqui percebendo as | orientações anteriores, |

| certamente encontrou | certas dificuldades | oriundas do |

| hábito anterior de leitura, | porém, estava trabalhando | o seu campo visual. |

| Parabéns! |

Exercício para ampliação de campo visual
Execute o exercício na vertical

Visualise, de forma independente, primeiro, a coluna da esquerda e, depois, a da direita, com apenas uma pausa ocular por linha.

Obs.: Velocidade moderada.

A	É
de	na
uma	sua
para	arte
toda	onde
folga	temos
batido	grande
capazes	reserva
familiar	cultural
concebida	linguagem
particular	espontânea
cavalgadura	nitidamente
independente	desenvolvida
matemática do	com bases nos
exclusivamente	sertões onde o
complexo casual	nordestino vive
real possibilidade	com dificuldade
reflexo de todos	mas corajosamente
é incondicionalmente o	apesar da seca o
com o decorrer dos fatos	o agredir e maltratar
o estudo natural do	sofrimento retratado nos
tomemos um lanche para	traços firmes em crayon
o hábito de estudar com os	sobre papel e esculturas.

Exercício para ampliação de campo visual
Execute o exercício na vertical

Percorra os texto abaixo no sentido das setas, ajustando o campo visual ao tamanho das frases.

Obs.: Procure visualizar os textos de forma centralizada.

Quando
um arqueiro
erra a marca, ele
procura o erro dentro
dele mesmo.
Se você errar,
nunca culpe o alvo.
Para melhorar sua mira,
melhore a
si mesmo.

(Gúbert Arland)

O
sucesso
deve ser medido
não por aquilo que se
conquistou na vida,
mas pelos desafios
que teve
de
enfrentar.

(Booker Washigton)

Eu
acredito
no teste do espelho.
Tudo o que interessa é se você pode
olhar para o espelho e dizer
à pessoa que ali vê,
honestamente, que você fez
o melhor
que pôde.

(John McKay)

Sonhar
qualquer coisa
que você quiser sonhar
– esta é a beleza da mente humana.
Fazer qualquer coisa que você quiser fazer
– esta é a força da vontade humana.
Confiar em você mesmo para testar seus limites
– esta é a coragem para
ser bem-sucedido.

(Bernard Edmons)

Exercício para ampliação de campo visual
Execute o exercício na vertical

Percorra o texto abaixo, ajustando o campo visual gradativamente.

Obs.: Procure visualizar a coluna de forma centralizada.

O
campo
de ação
da ergonomia
é praticamente ilimitado.
Abrange tudo o que fazemos
e que nos rodeia, desde a disposição
do mobiliário e dos materiais de um pequeno
escritório até a planta de um complexo parque industrial,
passando por detalhes como a altura de mesas e cadeiras, o formato
de tesouras, o ruído e a temperatura do ambiente e diversos outros
fatores que podem facilitar ou dificultar a vida das pessoas.
A ergonomia sempre esteve presente em nossas vidas.
Ao escolher um pedaço de madeira que melhor se
ajustasse a sua mão para abater um animal
selvagem ou lutar contra um oponente,
o homem primitivo já praticava
um princípio ergonômico.
A
ergonomia
pode ser considerada
a ciência do conforto e
preserva tecnicamente a "lei do menor esforço".
É um ramo da psicologia aplicada ao trabalho, porém é multidisciplinar,
envolvendo conhecimentos de várias outras áreas, como
engenharia, medicina, desenho industrial,
administração de empresas
e economia.

Leia o texto abaixo usando o ritmo e o campo visual exercitados

Leia rápido e marque o tempo!

A espada embainhada

sun Tzu *in* Arte da Guerra

   Lutar e vencer em todas as batalhas não é a glória suprema; a glória suprema consiste em quebrar a resistência do inimigo sem lutar. Na prática arte da guerra, a melhor coisa é tomar o país inimigo totalmente e intato; danificar e destruir não é tão bom. Assim, também é melhor capturar um exército inteiro que destruí-lo; capturar um regimento, um destacamento ou uma companhia, sem os aniquilar.

   Portanto, a mais perfeita forma de comandar é impedir os planos do inimigo; depois, evitar a junção das suas forças; a seguir, atacar o exército inimigo no próprio campo; e a pior de todas as políticas é sitiar cidades muradas, porque a preparação de couraças, abrigos móveis e vários implementos de guerra tomará três meses inteiros; e a construção de acessos diante das muralhas levará mais três. O general, incapaz de conter sua irritação, quererá atirar seus homens ao assalto como formigas, tendo como resultado o assassinato de um terço dos seus soldados, com a agravante de que a cidade continuará incólume. São esses os efeitos desastrosos do cerco.

   O chefe habilidoso conquista as tropas inimigas sem luta; toma suas cidades sem submetê-las a cerco; derrota o reinado sem operações de campo muito extensas. Com as forças intatas, disputa o domínio do império e, com isso, sem perder um soldado, sua vitória é completa.

   Esse é o método de atacar com estratagemas, de usar a espada embainhada.

Número de palavras: 235   Marque agora o seu tempo!   Min.____ seg.____

QUADRO DE DESEMPENHO	TESTE DE DESEMPENHO	RESULTADO
Velocidade Ppm	(235: tempo em minutos)	
Captação Pcap	(Número de acertos x 10)	
Efetividade Pcap/min	(Ppm x Pcap: 100)	

Exercício 2. De acordo com o texto, assinale a resposta correta:

1) **A suprema glória consiste em:**
   a) atacar e esmagar o inimigo sem piedade.
   b) vencer a batalha rapidamente e sem esforço.
   c) quebrar a resistência do inimigo sem lutar.
   d) vencer a batalha a qualquer custo.

2) **Na prática da arte da guerra, o melhor é:**
   a) capturar as forças inimigas sem poupar vidas.
   b) tomar o território inimigo sem destruir.
   c) preservar vidas e destruir o país.
   d) preservar o país sem poupar vidas.

3) **A forma perfeita de comandar é:**
   a) atacar o inimigo no próprio campo.
   b) evitar a junção de suas forças.
   c) impedir os planos do inimigo.
   d) todas as alternativas estão corretas.

4) **A pior forma de comandar é:**
   a) sitiar cidades.
   b) enfrentar o inimigo no seu próprio terreno.
   c) evitar o cerco.
   d) todas as alternativas estão erradas.

5) **Atacar muralhas não é uma boa estratégia porque:**
   a) a construção de acesso não é difícil.
   b) admite uma pequena perda de soldados.
   c) demanda muito tempo e esforço.
   d) não se deve construir abrigos móveis.

6) **Quando o general não consegue conter a sua irritação:**
   a) conquista o inimigo mais rapidamente.
   b) avança com ímpeto e vence a batalha.
   c) sacrifica o inimigo.
   d) sacrifica os seus soldados.

7) **O chefe habilidoso:**
   a) domina o inimigo com a força das armas.
   b) conquista o inimigo sem luta.
   c) usa sua irritação como fonte de inspiração.
   d) cerca somente para quebrar a resistência.

8) **A vitória é total quando:**
   a) domina o império com as forças intatas.
   b) domina e aniquila o inimigo.
   c) o inimigo desiste e foge.
   d) as operações são extensas.

9) **Quando o texto se refere a usar a espada embainhada, quer dizer:**
   a) atacar sorrateiramente.
   b) vencer pela paciência.
   c) aniquilar o inimigo.
   d) atacar com estratagemas.

10) **Podemos perceber que na arte da guerra:**
    a) sempre se vence com a violência.
    b) ter paciência é o mais importante.
    c) a melhor arma é a inteligência.
    d) contra a força não existe resistência.

VIAJANDO COM A PRÉ-LEITURA

Ao fazermos uma analogia entre o processo de leitura e uma viagem de carro, podemos perceber algumas particularidades que justificam a necessidade da pré-leitura.

EM UMA VIAGEM	NA LEITURA
Habilidade do motorista	Habilidade do leitor
Tipo de carro	Tipo de texto
Condições de tráfego	Tipo de linguagem utilizada
Condições de conservação da estrada	Diagramação, tamanho e tipo de letra
Condições do tempo	Condições ambientais (calor, iluminação etc.)
Razão pela qual está fazendo a viagem	Objetivos e metas na leitura
Conhecimento prévio do percurso	Reconhecimento global do texto

❝ *Onde quer que você esteja é o ponto de partida.* ❞
Kabir

PRINCIPAIS FATORES QUE INFLUENCIAM NO RITMO

Não seria prudente entrar em uma estrada desconhecida em alta velocidade.

Sem conhecimento prévio do tipo de terreno, se existem aclives ou declives acentuados, se o trajeto é ou não sinuoso, se a pista está seca ou molhada, enfim, quais são as reais condições a serem enfrentadas, dificilmente estaríamos preparados e adaptados para enfrentar os possíveis desafios e obstáculos.

A **pré-leitura**, ainda na metáfora da estrada, é como um **helicóptero** e serve para fazer um sobrevoo de reconhecimento, permitindo uma visão global do que será abordado (no caso da leitura, o próprio texto).

Do que trata o texto? Devo ler este texto agora ou existe algum outro prioritário? Para atender as minhas necessidades, preciso ler o assunto na íntegra ou parte dele? Quais partes devo ler primeiro? Para onde devo dirigir minha atenção nessas partes?

As perguntas que são formuladas com base na pré-leitura **criam o foco**, orientando a atenção do leitor durante a leitura integral do texto.

Esta análise prévia e superficial é de fundamental importância para prepará-lo para a leitura.

OBJETIVO

Fornecer ao leitor uma visualização global do conteúdo do assunto que será abordado, por meio de um **sobrevoo** sistemático do texto.

Itso é inrcvíel!!

O crérebo cnoseuge catpar o sneidto das plravaas, não ipomtrando em qaul odrem as lrteas etãso. A úncia csioa iprotmatne é que a piremria e útmlia lrteas etejasm no lgaur crteo.

O rseto pdoe ser uma ttaol bçguana que vcoê anida pdoe ler sem pobrlmea.

A **visão panorâmica** fornecida pela pré-leitura permitirá que você inicialmente avalie:

- **o grau de dificuldade** que o texto apresenta e a necessidade de buscar informações em uma bibliografia auxiliar;
- **o tempo estimado** para a realização da leitura;
- o melhor momento para realizar determinado **tipo de leitura**, em função da identificação do que pretende e do grau de concentração que será exigido;
- **dentre vários assuntos**, quais devem ser abordados prioritariamente;
- se o texto atende as **suas expectativas e propósitos** para a realização da leitura;
- a necessidade de ler o texto **na íntegra ou somente algumas partes**; e
- se a escolha de determinada **bibliografia** contempla as melhores condições de diagramação, tipo e tamanho de fonte e programação visual.

Portanto, a pré-leitura funciona como uma ferramenta que permite fazer um perfeito ajuste do leitor ao texto, possibilitando melhor administração do tempo disponível para a leitura e para a conquista de melhores resultados.

A ARTE DA PRÉ-LEITURA

A pré-leitura é também conhecida como leitura explotatória ou *skimming*.

Como o objetivo é diferente da leitura em si, consistindo em obter apenas uma visão global e superficial do assunto, os movimentos oculares se diferenciam daqueles realizados na leitura integral.

1º Momento:

Inicialmente, observe o título, subtítulo, nome do autor, fotos, negritos, ou seja, as partes já concebidas como relevantes e tudo aquilo que estiver em destaque.

2º Momento:

Sobrevoe e explore o texto deslizando em "S".

O movimento fundamental de "S" consiste em deslizar sobre as linhas impressas com um movimento amplo e sinuoso, fazendo uma varredura do texto com o campo visual.

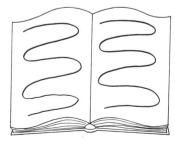

Fig. nº 7

FOCO

Durante a varredura ou sobrevoo no texto com o movimento de "S", a sua atenção deve estar focalizada na identificação de **palavras-chave**, quer dizer, buscando um apoio seletivo nas palavras que sejam mais significativas, para que tenha uma visão global do assunto a ser abordado.

Exercício:

Descreva a sua percepção a respeito do texto abaixo, apoiado nas palavras-chave em destaque.

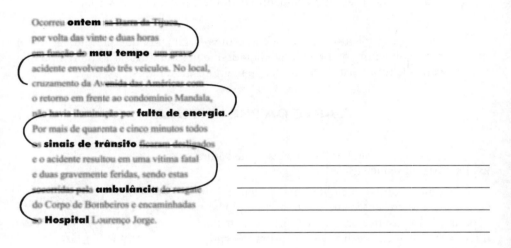

Será que a sua percepção se identifica com a informação contida no texto?

AVANCE E DESCUBRA!

Avalie agora a sua percepção inicial, comparando a sua descrição com o texto na íntegra.

Ocorreu **ontem** na Barra da Tijuca,
por volta das vinte e duas horas,
em função do **mau tempo**, um grave
acidente, envolvendo três veículos. No local,
cruzamento da Avenida das Américas com
o retorno em frente ao condomínio Mandala,
não havia iluminação por **falta de energia**.
Por mais de quarenta e cinco minutos, todos
os **sinais de trânsito** ficaram desligados,
e o acidente resultou em uma vítima fatal
e duas gravemente feridas, sendo estas
socorridas pela **ambulância** do resgate
do Corpo de Bombeiros e encaminhadas
ao **Hospital** Lourenço Jorge.

Na pré-leitura, o sobrevoo é um percurso flexível em que nem todas as palavras-chave precisam ser apreendidas para que se consiga identificar a essência do texto. Como no exemplo anterior, a identificação do assunto se dá a partir do reconhecimento de parte delas.

A pré-leitura não tem como função substituir a leitura integral, porém funciona como uma poderosa ferramenta que permite preparar o leitor para enfrentar os desafios inerentes à leitura.

DICAS PRÁTICAS

Cuidado para que a atenção dirigida para o movimento em "S" não afete a sua percepção das palavras-chave. O movimento em "S" é somente uma orientação para que você deslize sinuosamente, de forma suave e abrangente, pelo texto.

Se a pré-leitura não deixá-lo seguro quanto à ideia geral do texto, dificultando a análise e a tomada de decisão do que deve ser feito e como fazer, **leia integralmente o texto!**

COLOCANDO EM PRÁTICA A PRÉ-LEITURA

O uso sistemático da pré-leitura como ferramenta intelectual acaba por tornar-se um hábito onde se pré-lê instintivamente todo o material a ser lido.

Para que a referida ferramenta tenha a efetividade esperada, ela precisa ser "afiada" e ajustada para o uso.

COMO FAZER A PRÉ-LEITURA DE JORNAIS

Nos jornais, as manchetes servem como um guia para que o leitor decida-se por ler uma notícia ou saltar para outra. Porém, nem sempre a manchete traduz exatamente a notícia.

Para otimizar o tempo disponível para a leitura de jornais sem o comprometimento da qualidade da informação assimilada, podemos estruturar a pré-leitura de forma a fornecer indicadores que orientem uma leitura seletiva.

Os jornais normalmente condensam a notícia no primeiro parágrafo e a detalham nos demais. Essa técnica é chamada de LIDE. Às vezes, o parágrafo final contém alguma conclusão, dado relevante ou prognóstico do desenrolar dos fatos.

DICAS PRÁTICAS

- Observar a manchete.
- Estreitar o "S" no início da notícia para favorecer a captação do núcleo da notícia.
- Depois, verificar superficialmente o seu detalhamento (fig. nº 8).

Após a pré-leitura, você poderá optar por ler a notícia integralmente, ler somente uma parte de maior interesse, ler depois em função de uma necessidade específica ou até mesmo não ler.

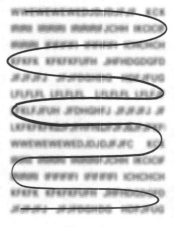

Fig. nº 8

COMO FAZER A PRÉ-LEITURA DE REVISTAS

A leitura de revistas é um excelente recurso para aquele que quer estar bem informado. Em contrapartida, esse tipo de leitura, somado a todos os outros necessários ao trabalho e ao estudo, acaba nos impondo uma avalanche de informações.

Resultado: o acúmulo de revistas não lidas, que acabam ficando empilhadas em uma prateleira, na esperança de um dia serem lidas (o que, na maioria dos casos, nunca acontece).

Criando um folhear sistemático e observando os principais pontos de referência na pré-leitura de revistas, ficará muito mais fácil administrar o seu tempo para a leitura.

DICAS PRÁTICAS

- Observe atentamente a capa. Nela aparecem as notícias de maior destaque.
- Examine o índice, onde você irá encontrar a pauta dos assuntos e definir o que efetivamente lhe interessa.
- Em cada reportagem lida, examine qual será o seu foco de abordagem.
- Folheie sitematicamente a revista, observando atentamente as manchetes e examinando as fotos, figuras, gráficos e negritos (o grande número de anúncios encontrado nas revistas poderá ser desprezado se não fizer parte do seu foco).
- Prossiga até o final da revista sem interromper a pré-leitura (por mais interessante que sejam os assuntos já pré-lidos).
- Com a visão global dos assuntos que integram a revista, defina quais são as suas prioridades e realize a leitura. Caso o tempo disponível para a leitura não seja suficiente para todos os assuntos selecionados, você poderá voltar posteriormente, de forma rápida e seletiva, pois ficará mais fácil encontrar na revista algo que já foi pré-lido.
- Evite folhear a revista de trás para a frente, pois esta prática reiterada poderá virar um vício, causando prejuízos à pré-leitura.

    Lembre-se de que essa prática geralmente obriga um vaivém de folhas quando algum assunto interessar mais.

COMO FAZER A PRÉ-LEITURA DE CARTAS COMERCIAIS

Para quem lida com cartas comerciais, a agilidade e a precisão são fatores de grande relevância.

A pré-leitura funciona como um filtro que separa e determina quais cartas contêm os assuntos de maior importância ou, até mesmo, de maior urgência, para que sejam tratadas prioritariamente, além de indicar o nível de atenção que deve ser dispensado na leitura.

DICAS PRÁTICAS

- Observe o timbre. Ele fornece uma indicação visual do remetente.
- Verifique o destinatário e as referências.
- Faça um sobrevoo estreitando a sinuosidade no corpo da carta para obter uma visão global do assunto tratado (fig nº 9).
- Observe também a data e se existem prazos limites fixados. Se necessário, sublinhe ou passe lumicolor nos prazos.
- Note que é usual encontrar uma introdução com referências no primeiro parágrafo e formalidades no último.
- Confira se a carta comercial está assinada e por quem. Normalmente, existe a identificação do cargo ou função de quem a assina. Essa prática auxilia a posterior ordenação de prioridades para a leitura.
- Por fim, defina os critérios de ordenação e execute a leitura.
- Acostume-se a ler as correspondências e, logo em seguida, a tomar as providências cabíveis. Isso evitará desperdício de tempo. Se você não fizer isso, acabará tendo de reler a carta posteriormente.
- Acostume-se a agendar de imediato as providências, prazos etc. a serem cumpridos. Isso evitará contratempos.

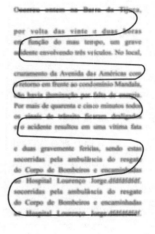

Fig. nº 9

Dessa forma, podemos aumentar o nível de segurança ao lidar com cartas comerciais, evitando contratempos como ter de ler um documento de grande importância no final de uma jornada de trabalho pelo simples fato de tê-lo encontrado no fundo da gaveta de entrada.

COMO FAZER A PRÉ-LEITURA DE RELATÓRIOS

Na leitura de relatórios, a pré-leitura funciona de forma semelhante à descrita para cartas comerciais, ou seja, filtrando e priorizando as informações a serem lidas.

Devido às características diferenciadas do material, algumas adequações se fazem necessárias.

DICAS PRÁTICAS

- Pré-leia o título, o nome do autor e a data do relatório.
- Procure familiarizar-se com o tema, verificando se o autor é uma autoridade reconhecida no assunto, um elemento técnico, um pesquisador ou se há outra característica especial que possa ajudá-lo a definir o nível de confiabilidade, profundidade e o estilo redacional.
- No caso de relatórios técnicos, examine se existe a descrição da metodologia e recomendações.
- Percorra o corpo do relatório de forma abrangente, procurando captar a sua linha de desenvolvimento.
- Na conclusão, procure estreitar o "S" para favorecer a sua captação (fig. nº 10).

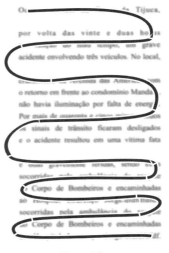

Fig. nº 10

Com a visão global proporcionada pela pré-leitura, você poderá preparar uma abordagem específica para cada tipo de relatório, otimizando a leitura, a análise e a emissão de pareceres.

COMO FAZER A PRÉ-LEITURA DE LIVROS

A pré-leitura de livros assemelha-se àquela realizada em revistas. Constitui um folhear sistemático, que em um livro de trezentas páginas não demanda mais do que dez minutos.

Os dez minutos utilizados na pré-leitura em hipótese alguma significam um desperdício de tempo! Ao contrário, podem significar uma considerável economia de tempo na leitura, pela certeza da escolha do melhor material e do aumento da efetividade.

Com a pré-leitura, você poderá selecionar o livro que melhor atende às suas necessidades e expectativas, levando em consideração fatores como: layout, tamanho de letra, proximidade entre linhas, estilo e linguagem utilizada pelo autor e nível de profundidade de abordagem do assunto.

DICAS PRÁTICAS

- Examine a capa e a contracapa.
- Leia as orelhas.
- Preste atenção ao nome do autor, verifique se existem citações biográficas e procure conhecer a sua qualificação.
- Verifique a data de *copyright* e se possui revisões, a fim de avaliar a sua atualidade.
- Pré-leia o prefácio, o prólogo, a introdução e o índice.
- Faça um reconhecimento visual, observando a diagramação, tamanho e tipo de fonte, proximidade entre linhas etc.
- Uma vez concluído o reconhecimento geral da obra e identificado o interesse por determinados capítulos, procure fazer a pré-leitura dos mesmos, avaliando a forma e em que nível de profundidade o autor aborda os assuntos.

No caso da escolha do melhor material para a realização de uma leitura ou pesquisa, selecione inicialmente pelo menos três livros e, a partir da pré-leitura, identifique, em função dos procedimentos descritos anteriormente, aquele que melhor se ajustar à sua necessidade.

COMO FAZER A PRÉ-LEITURA DE CAPÍTULOS DE LIVROS

DICAS PRÁTICAS

- Dê uma rápida olhada no índice do livro para situar o capítulo que você vai ler dentro da estrutura geral da obra.
- Pré-leia o título e o primeiro parágrafo, e perceba como está estruturada a introdução.
- Aborde o desenvolvimento percorrendo, de forma rápida e superficial, as páginas do capítulo.
- Dirija a sua atenção para os títulos de itens e subitens, ilustrações e negritos.

- Pré-leia o último parágrafo e observe como o autor encerra o assunto.
- No caso de existir uma conclusão, faça uma pré-leitura cuidadosa da mesma.
- Observe se o autor apresenta quadros sinópticos ou esquemas que o auxiliem no entendimento do assunto.
- Assegure-se de que o capítulo realmente poderá atender suas necessidades. Agora, sim, você poderá investir o seu tempo em uma leitura criteriosa, com um propósito (foco) definido, assegurando um resultado positivo pela escolha segura da melhor opção em relação aos materiais disponíveis.

A PÓS-LEITURA

No mesmo dia, faça uma pós-leitura para assegurar um bom resultado.

A pós-leitura é executada **da mesma forma** que a **pré-leitura**: deslizando em "S".

Diferencia-se da pré-leitura somente na sua **aplicação**.

É realizada **após** a **leitura integral** do texto, podendo ter por objetivo possibilitar:

a) uma revisão geral do assunto;
b) uma reposição de informações que eventualmente tenham sido esquecidas;
c) a observação de detalhes em destaque, como: grifos, negritos, gravuras e observações contidas no texto; e
d) a retenção de dados e informações específicas.

A pós-leitura pode ser usada como um elemento de controle no processo de leitura dinâmica.

Comece agora a aplicar o que aprendeu:

1º) Observe o título, subtítulo, nome do autor.
2º) Pré-leia o texto, fazendo um percurso com o movimento em "S" para saber como o assunto está abordado e o tipo de linguagem utilizada, buscando avaliar superficialmente o assunto.
3º) Leia o texto utilizando a maior velocidade que permita compreendê-lo.
4º) Faça uma pós-leitura para que, de acordo com seus objetivos, possa fazer a fixação das informações mais relevantes.

❝ *Ler faz o homem completo.* ❞
Francis Bacon

EXERCÍCIO DE VELOCIDADE

Leia rápido e marque o tempo!

A síndrome do sapo fervido

luis Carlos Cabrera

É inegável a velocidade e a intensidade das transformações sociais, políticas e econômicas em todo o mundo e, particularmente, no nosso Brasil.

É fácil, para o leitor, concordar com essa colocação como observador do nosso cenário. Mas o que tem sido feito pelas suas empresas para acompanhar essas mudanças tão turbulentas? Que respostas têm sido dadas às pressões do ambiente externo? Estamos mudando a organização, sistemas de informação, sistemas de trabalho e, principalmente, o comportamento das pessoas para enfrentar e vencer o desafio do mundo globalizado, da competitividade e de empresários mais maduros e conscientes? É aqui que entra a "Síndrome do Sapo Fervido", que li no artigo de Charley Gill. Vários estudos biológicos provaram que um sapo colocado num recipiente, com a mesma água da lagoa, fica estático durante todo o tempo em que aquecemos a água, até que ela ferva. O sapo não reage ao gradual aumento de temperatura (mudanças do ambiente) e morre quando a água ferve. Inchadinho e feliz. Por outro lado, outro sapo que seja jogado nesse recipiente com água já fervendo salta imediatamente para fora. Meio chamuscado, porém vivo!

Alguns de nossos empresários e executivos têm um comportamento similar ao do Sapo Fervido. Não percebem as mudanças, acham que está tudo bem, que vai passar, que é só dar um tempo! E "quebram" ou fazem um grande estrago em suas empresas, "morrendo" inchadinhos e felizes, sem terem percebido as mudanças. Outros, graças a Deus, ao serem confrontados com as transformações, pulam, saltam, em ações que representam, na metáfora, as mudanças necessárias.

Temos vários sapos fervidos por aí. Prestes a morrer, porém boiando, estáveis e impávidos na água que se aquece a cada minuto. Sapos fervidos que não perceberam que o conceito de administrar mudou. O antigo "administrar é obter resultados a partir das pessoas" foi gradualmente substituído por "administrar é fazer as pessoas crescerem por meio do seu trabalho, atingindo os objetivos da empresa satisfazendo suas próprias necessidades".

Os sapos fervidos não perceberam também que seus gerentes, além de ser eficientes (fazem certo as coisas), precisam ser eficazes (fazem as coisas certas). É que, para isso, o clima interno tem de ser favorável ao crescimento profissional, com espaço para o diálogo, para a comunicação clara, para o compartilhamento, para o planejamento e para a relação adulta. O desafio ainda maior está na humildade de atuar de forma coletiva. Fizemos, durante muitos anos, o culto ao individualismo e a turbulência exige, hoje, o esforço coletivo, que é a essência da eficácia, como resposta. Tornar as ações coletivas exige, fundamentalmente, muita competência interpessoal para o desenvolvimento do espírito de equipe, exige saber partilhar o poder, delegar, acreditar no potencial das pessoas e saber ouvir.

Os sapos fervidos, que ainda acreditam que o fundamental é a obediência, e não a competência, que manda quem pode e obedece quem tem juízo, "boiarão" no mundo da produtividade, da qualidade e do livre mercado.

Acordem, sapos fervidos, saiam dessa, o mundo mudou, pulem fora antes que a água ferva. O Brasil e a nova ordem econômica precisam de vocês vivos, meio chamuscados, mas vivos e prontos a agir.

Número de palavras: 518   Marque agora seu tempo!   Min.___ seg.___

QUADRO DE DESEMPENHO	TESTE DE DESEMPENHO	RESULTADO
Velocidade Ppm	(518 : tempo em minutos)	
Captação Pcap	(Número de acertos x 10)	
Efetividade Pcap/min	(Ppm x Pcap: 100)	

Exercício 3. De acordo com o texto, assinale a resposta correta.

1) A metáfora retratada no texto "A síndrome do sapo fervido" tem como foco:
   a) desafio à percepção privilegiada dos dirigentes de empresa.
   b) as mudanças provocadas pela negligência empresarial.
   c) a necessidade de adaptação rápida frente aos novos cenários econômicos.
   d) os problemas internos na gestão de negócios.

2) A experiência de aquecer água da lagoa contida no recipiente demonstra que os sapos:
   a) são resistentes sob alta temperatura.
   b) não percebem a mudança gradual de temperatura e morrem.
   c) não são resistentes sob alta temperatura.
   d) só saltam quando o aumento gradual de temperatura faz a água ferver.

3) Alguns empresários "quebram" porque:
   a) não observaram as mudanças.
   b) acharam que está tudo bem.
   c) acreditaram que tudo é passageiro.
   d) todas as opções anteriores estão corretas.

4) O moderno conceito de administração tem como foco:
   a) o cumprimento de metas e a maximização de resultados.
   b) contemplar os objetivos da empresa, as necessidades e o crescimento das pessoas.
   c) obter melhores resultados para a empresa mediante o trabalho das pessoas.
   d) o crescimento das pessoas conforme os resultados obtidos pela empresa.

5) A frase que melhor define eficiência é:
   a) fazer certo as coisas.
   b) fazer certas coisas.
   c) fazer o que deve ser feito.
   d) fazer as coisas sempre.

6) A frase que melhor define eficácia é:
   a) fazer o máximo de coisas.
   b) fazer somente o mais importante.
   c) fazer as coisas certas.
   d) fazer tudo certo.

7) Para que as pessoas possam crescer por meio de seu trabalho, é preciso que:
   a) existam boa comunicação, planejamento e trabalho de equipe.
   b) a gerência defina o que e como as coisas devem ser feitas.
   c) o clima interno estimule a competição entre as pessoas.
   d) cada um mostre que é a peça mais importante da máquina produtiva.

8) Na tomada de ação coletiva, devemos levar em consideração:
   a) a capacidade de partilhar e delegar poder.
   b) o espírito de equipe e a crença no potencial das pessoas.
   c) a competência interpessoal e o saber ouvir.
   d) todas as alternativas anteriores.

9) Os sapos fervidos acreditam que o fundamental é:
   a) a obediência daquele que cumpre as ordens.
   b) a competência daquele que dá as ordens.
   c) estar atento para não ser surpreendido pelas mudanças.
   d) reagir a tempo de sobreviver.

10) De acordo com o texto, "pular fora antes que a água ferva" quer dizer:
   a) fugir enquanto é tempo para não ser engolido pelos problemas.
   b) desistir se perceber que não pode resolver a situação-problema.
   c) acordar e reagir frente às mudanças rápidas e constantes.
   d) só investir quando se tem certeza de sucesso.

SÍNTESE DA TERCEIRA ETAPA

> *Veja os obstáculos como pontos de referência: você está indo para a frente cada vez que deixa um obstáculo para trás.*
>
> Anônimo

QUARTA ETAPA

Nesta etapa,
você aprenderá a otimizar
qualitativamente
sua leitura para estudos,
trabalho e vida.

Capítulo 4

O RITMO E OS DIVERSOS TIPOS DE LEITURA

Ao ler dinamicamente, você não precisa utilizar sempre a mesma velocidade.

Na verdade, a leitura é muito mais fácil se você adaptar o ritmo da leitura ao tipo de texto e ao propósito da mesma.

A grande vantagem atribuída ao método é que mesmo quando você sentir a necessidade de reduzir a velocidade de leitura para ajustar-se à determinada condição continuará lendo mais rápido que o leitor tradicional, o qual, submetido às mesmas condições, terá maior redução da velocidade. Tal fato se deve à eliminação dos vícios de leitura, associada a uma maior velocidade de raciocínio.

Estaremos agora apresentando alguns aspectos relevantes que devem ser observados em alguns tipos de leitura.

Leitura informativa

Na leitura de jornais, revistas, periódicos etc., em que o propósito é manter-se informado, a própria satisfação pessoal obtida com a leitura determinará o ritmo.

Exemplo 1: Lendo rapidamente uma notícia de jornal e sentindo-se satisfeito, você avança imediatamente para a próxima notícia.

Exemplo 2: Lendo rapidamente uma notícia de jornal e percebendo nela uma maior importância, faz-se necessário um ajuste na velocidade, para que assim você alcance um nível de satisfação que permita avançar para a próxima notícia.

Lembre-se de que, normalmente, não se exige um alto índice de retenção para a leitura informativa. O seu próprio interesse em fixar determinadas informações estará dirigindo o processo.

Leitura de lazer

Na leitura de lazer, você é o responsável pela escolha do assunto a ser lido. Em função dessa escolha é que o ritmo se estabelecerá.

Nesse caso, o ritmo também estará relacionado à satisfação pessoal proporcionada pela leitura.

Exemplo 1: Você escolhe para ler um romance de época, que descreve minuciosamente cada detalhe da vestimenta, do local e das características pertinentes a cada personagem.

Viajando na leitura, você imagina cada cena, dando vida aos personagens. Sem perceber, você relaxa e reduz consideravelmente a sua velocidade.

Nesse caso, a redução da velocidade não significa que você deixou de ler dinamicamente. Lembre-se do conceito de efetividade: o processo OK, sem vícios (excetuando-se o da subvocalização, que tende a ocorrer em baixas velocidades), somado ao resultado OK, o prazer proporcionado pela leitura, resultam na **efetividade**.

Exemplo 2: Você escolhe para ler um romance policial, em que a história o envolve em um clima de suspense e mistério.

O seu grande interesse e sua curiosidade em descobrir mais e mais impelem você a avançar no texto para saber o desfecho da história.

Sem perceber, você acelera a sua leitura e ataca vorazmente o texto.

Lendo de maneira rápida, certamente você não abriu mão do prazer da leitura. Dessa forma, conseguiu também ser efetivo.

LEITURA VOLTADA PARA O ESTUDO E O TRABALHO

Quando a leitura é direcionada para o estudo e para a atividade profissional, não podemos usar como parâmetro de avaliação somente a satisfação pessoal.

Nesse caso, o ajuste do ritmo deve ser feito de forma a garantir para a leitura um índice mínimo de 70% de compreensão e retenção. Tal exigência fica consideravelmente maior para se conseguir a classificação em concursos.

Pela experimentação prática na leitura compreensiva, você estará gradativamente reconhecendo seus limites. Para que você estabeleça qual é a maior velocidade que permite uma perfeita captação do que foi lido, estaremos, em seguida, trabalhando os aspectos relativos à compreensão e interpretação de textos.

COMPREENDENDO TEXTOS

A compreensão é uma operação lógica e objetiva que é apoiada pelas técnicas da leitura dinâmica.

Compreendendo a compreensão

A compreensão literal

Ocorre quando você consegue recuperar as **informações** colocadas explicitamente em uma leitura, auxiliado pelo reconhecimento das ideias principais e secundárias do texto. É baseada na lembrança de fatos, sequências ou de ideias expressamente estabelecidas etc.

A compreensão ativa

É a compreensão que objetivamos para a leitura dinâmica. Ocorre quando, a partir da pré-leitura, são formuladas perguntas e hipóteses, que serão confirmadas ou contestadas (no texto).

Nesse caso, além da **compreensão literal**, deve existir um **relacionamento** entre você e o texto, em que as perguntas servem para estruturar o seu foco, dirigindo um processo contínuo de formulação e busca, respondendo a perguntas antes, durante e depois de ler.

As suas **experiências anteriores** acumuladas sobre o assunto, de origem prática ou oriundas de leituras, poderão servir de base para associações formadoras de um entendimento majorante, ultrapassando os limites do texto escrito.

Essa dimensão permitirá a você formular um juízo de valor crítico, analisando as ideias apresentadas no texto de acordo com critérios, que podem ser de origem externa – obtidos de outras obras ou a partir de autoridades no assunto – ou interna – orientados pelos seus conhecimentos e vivências.

A partir de uma análise ativa do texto, você estará pronto e seguro para manter uma atitude de antecipação e busca, podendo concordar (ou discordar), na íntegra ou em parte, com as informações lidas, complementando, reorganizando e assumindo um posicionamento crítico e reflexivo com relação às informações assimiladas.

**Não entendi...
E agora? O que fazer?**

Ao ler um texto, percebendo que não consegue compreendê-lo, você:

a) Desiste e abandona o texto.

b) Pede a alguém que explique.

c) Relê o texto.

d) Põe a culpa no autor e procura outro texto.

e) Nenhuma das respostas anteriores.

Se você assinalou a primeira opção, pode estar perdendo a oportunidade de trabalhar a superação de obstáculos, além de deixar de aperfeiçoar o processo de leitura.

Escolhendo a segunda opção e pedindo ajuda a alguém, você pode estar lançando mão da "lei do menor esforço", porém o problema de compreensão tende a persistir. Essa é uma solução parcial, porque nem sempre existirá alguém disponível para ajudá-lo, logo não é a melhor forma de resolver o problema.

No caso de ter optado pela terceira alternativa, a de reler o texto, poderá estar repetindo a leitura da mesma maneira e, portanto, com as mesmas dificuldades e problemas anteriores.

Se a alternativa assinalada foi a quarta, justificando a dificuldade de compreensão pelo tipo de linguagem, o estilo e a profundidade que o autor utilizou na elaboração do texto, lembre-se de tomar cuidado e verificar se a origem do problema está, de alguma forma, relacionada ao seu nível de conhecimento e de preparação, que pode estar aquém do exigido para o entendimento de tal texto.

Finalmente, se a opção assinalada foi a última, "nenhuma das respostas anteriores", parabéns! Pensando dessa maneira, você estará criando um espaço para uma análise do motivo da não compreensão.

Para que você possa entender melhor a situação, imagine uma linha de montagem na qual são executadas várias operações para se chegar ao produto acabado.

Em determinado momento, um inspetor de qualidade identifica que os produtos não estão em conformidade com os padrões predefinidos.

Será que nesse caso a atitude mais coerente seria simplesmente refazer o produto? A resposta certamente seria NÃO.

Seria necessário parar a linha de produção, analisar o processo, identificar as causas da não conformidade e implementar as ações corretivas e preventivas relacionadas ao problema.

Finalmente, reiniciar a linha e refazer o produto.

De uma forma análoga, o mesmo acontece com o processo de leitura.

Se você constatar, ao ler um texto, que não obteve boa compreensão, evite reagir de forma instintiva.

Isso quer dizer que antes de desenvolver alguma ação imediata ou simplesmente reler o texto você deve parar e analisar cuidadosamente a natureza do problema, procurando identificar quais são as suas **possíveis causas**. Em seguida, defina quais ações deverão ser desenvolvidas e implemente-as.

DICAS PRÁTICAS

Para compreender melhor

O fluxograma a seguir mostra como proceder para que você possa obter melhores resultados na compreensão de textos.

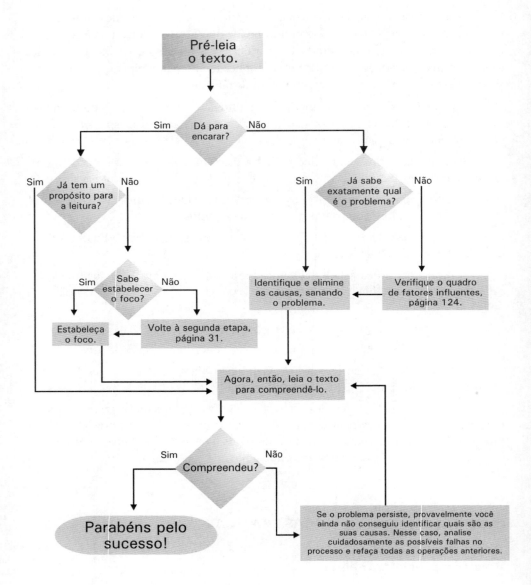

A INFLUÊNCIA DOS FATORES E COMO CONTORNÁ-LA

A não compreensão pode ser causada ou influenciada por diversos fatores que passaremos a analisar.

RECONHECENDO OS FATORES FÍSICOS CANAL / RECEPTOR	ATUANDO OBJETIVAMENTE AÇÕES PROPOSTAS
❏ Ruídos	❏ Na escolha de um local para a leitura, observe as possíveis interferências ambientais.
❏ Iluminação	❏ Aproveite a luz natural e ajuste a artificial de forma a obter o melhor nível de iluminação.
❏ Ventilação	❏ Dê preferência a locais onde a renovação de ar seja constante.
❏ Temperatura ambiente	❏ Cuide para que o nível de temperatura não cause desconforto (frio ou calor excessivo).
❏ Mobiliário	❏ Escolha o mobiliário de acordo com a atividade que será desenvolvida.
❏ Posicionamento corporal	❏ Procure manter uma postura corporal adequada para a leitura, evitando vícios de posicionamento.
❏ Proximidade entre linhas	❏ Realize um treinamento da movimentação ocular na leitura ou escolha um material alternativo de mais fácil visualização.
❏ Qualidade, tipo e cor de papel	❏ Na escolha do material, procure perceber se a sua qualidade potencializa ou dificulta a compreensão.
❏ Deficiência visual não corrigida	❏ Usar óculos ou lentes de contato que estejam perfeitamente adequados para a leitura.
❏ Cansaço físico	❏ Saber respeitar os próprios limites e certificar-se de que está suficientemente descansado para a tarefa.
❏ Problemas de saúde	❏ Praticar esportes, alimentar-se de forma saudável e fazer um acompanhamento médico periódico são bons conselhos para manter a saúde em dia.

RECONHECENDO OS FATORES INTELECTUAIS / COMPORTAMENTAIS EMISSOR / RECEPTOR	ATUANDO OBJETIVAMENTE AÇÕES PROPOSTAS
❏ Estilo e competência do autor	❏ Busque referências e ou faça uma pré--leitura para reconhecer e adotar um autor.
❏ Profundidade da abordagem	❏ Reconheça se a abordagem tem a profundidade que necessita e se você está preparado.
❏ Vocabulário do leitor	
❏ Embasamento no assunto	❏ Enriqueça continuamente o seu vocabulário por meio da própria leitura.
❏ Conhecimento e domínio do processo de leitura	❏ Prepare-se para os assuntos que serão abordados.
❏ Capacidade de compreender, interpretar e sintetizar textos	❏ Conheça os processos que interagem na leitura para que possam ser aperfeiçoados.
❏ Predisposição positiva para a leitura	❏ Aprimore-se tecnicamente na leitura.
❏ Capacidade de direcionamento e manutenção da atenção	❏ Estabeleça o propósito para realização da leitura estruturando preliminarmente o foco.
❏ Capacidade de retenção	❏ Aprenda a reconhecer os fatores que favorecem a concentração e exercite-a.
❏ Inteligência e habilidades mentais específicas	❏ Conheça e aplique técnicas de memorização.
	❏ Explore a capacidade de raciocínio e o potencial criativo.

Podemos citar ainda, como fatores que influenciam na compreensão de textos, as solicitações e pressões externas, as preocupações e os imprevistos.

Portanto, existem vários fatores que podem estar interagindo no entendimento da leitura, isoladamente ou de forma combinada.

A correta identificação dos fatores permitirá a elaboração de ações corretivas e preventivas para os problemas relativos à compreensão.

Exemplo:

Durante o estudo de determinado assunto, o leitor sente dificuldade de obter a compreensão.

Ele interrompe a leitura e observa que a mesa utilizada está de frente para a janela, o que ocasionalmente gera dispersão. Além disso, o posicionamento faz com que a luz natural atinja diretamente os seus olhos e projete sombra no texto.

O leitor, então, reposiciona a mesa de maneira que a luz natural incida favorecendo a leitura do texto sem ofuscar a visão. A concentração, nessa posição, fica agora favorecida pela visualização de uma estante de livros.

Analisando a sua dificuldade específica, ele percebe que precisa lançar mão de uma bibliografia auxiliar para ampliar seus conhecimentos básicos no tema a ser compreendido.

Ele faz uma abordagem básica preliminarmente e estrutura-se para a leitura mais aprofundada do assunto.

Eliminados os fatores ambientais que influenciam negativamente e otimizado o nível de conhecimento sobre o assunto, o leitor relê o texto.

OBSERVAÇÕES:

Inicialmente, faça uma pré-leitura para saber do que trata o texto.

Após a leitura integral, faça uma pós-leitura para revisar o que foi lido.

EXERCÍCIO DE VELOCIDADE

 Leia rápido e marque o tempo!

Chefes e remadores (fábula)[19]

(Qualquer semelhança com o modo de se gerenciar empresas não é mera coincidência.)

No ano de 1996, houve, nos arredores de Osaka, uma competição entre as equipes de remo do Brasil e do Japão.

Logo no início da competição, a equipe japonesa começou a se distanciar e completou o percurso rapidamente. A equipe brasileira só conseguiu chegar à meta uma hora depois.

De volta ao Brasil, a superintendência da equipe de remo reuniu-se para avaliar as causas de tão desastroso e imprevisto resultado. Uma cuidadosa avaliação apontou para uma diferença fundamental: os japoneses disputavam com um chefe de setor e dez remadores; e os brasileiros, com um remador e dez chefes. Essa avaliação foi levada ao departamento de planejamento estratégico, com o objetivo de se realizar uma profunda revisão da estrutura organizacional.

Em 1997, após a largada da competição, os japoneses tomaram a frente e se distanciaram. Desta vez, os brasileiros chegaram duas horas depois.

De volta ao Brasil, a superintendência fez nova reunião de avaliação e notou que a equipe do Japão continuava com um chefe e dez remadores e que os brasileiros haviam disputado com um chefe, dois assessores, sete chefes de setor e um remador. A conclusão da superintendência foi: "O remador é um incompetente."

Em 1998, nova disputa aconteceu. O setor de engenharia, para melhorar a produtividade, colocou em prática seu plano: mudanças na gerência com base no *benchmarking*. Com a *reengineering* e a *value cham analysis,* os brasileiros com certeza conseguiriam um *turnaround* e venceriam. Mas o resultado foi catastrófico. Os brasileiros chegaram três horas depois.

A superintendência voltou a analisar os resultados e viu que os japoneses mantiveram a tradição de ter um chefe e dez remadores. Os brasileiros perderam com uma formação feita de acordo com a "modernidade": um chefe, dois auditores de qualidade total, um assessor especializado em *empowerment*, um *process owner*, um analista de

---

[19] Adaptado de texto retirado do Boletim Primeira Mão, nº 366 de 4/11/1998.

O&M, um engenheiro de navegação, um *controler*, um chefe de setor, um controlador de tempo e um remador.

Depois de muitas reuniões, a superintendência decidiu demitir o remador e contratar outro, utilizando um contrato de prestação de serviços, sem vínculo empregatício.

Com isso, eles evitariam a influência do sindicato dos remadores, responsável pela baixa produtividade e o baixo comprometimento dos recursos humanos com os objetivos da organização.

A competição do próximo ano certamente confirmará o acerto das decisões da superintendência...

Número de palavras: 393   Marque agora o seu tempo!   Min.____ seg.____

QUADRO DE DESEMPENHO	TESTE DE VELOCIDADE	RESULTADO
Velocidade Ppm	(393 : tempo em minutos)	

Para interpretar melhor

Quem nunca interpretou mal ou foi mal interpretado durante uma conversa ou na transmissão de uma informação?

Nessas ocasiões, certamente procuramos esclarecer os pontos de divergência, interagindo com o outro, dando e recebendo feedback.

Na interpretação de textos, essa interação acontece de forma diferente e limitada. Nela, o leitor precisa desvelar as possibilidades de significação do que foi lido, ficando o autor impedido de alertá-lo, no caso de uma interpretação equivocada.

A interpretação de textos exige do leitor a habilidade de contextualizar o que foi compreendido, ultrapassando os limites do texto escrito e gerando inferências e/ou reflexões.

Além disso, devemos levar em consideração que, sob determinadas circunstâncias, uma mesma situação pode ser interpretada de inúmeras maneiras diferentes.

Como você interpreta "Navegar é preciso, viver não é preciso..."?

_____
_____
_____
_____
_____
_____
_____

NESTA CONDIÇÃO, O REFERIDO TRECHO ADMITE MÚLTIPLAS INTERPRETAÇÕES:

1. Interpretando *navegar é preciso* do ponto de vista histórico:
   Navegar é preciso, é importante.
   Na época das grandes navegações, navegar era necessário para a descoberta de novas rotas comerciais, conquista e exploração de novos territórios etc.
   Viver não é preciso, o valor da vida humana ficava em segundo plano.

2. Interpretando *navegar é preciso* do ponto de vista da navegação comercial:
   Navegar é preciso, tem precisão.
   A navegação comercial tem rotas previamente estabelecidas. Para que se chegue de um ponto a outro do globo, a navegação pode ser orientada por satélites (GPS), por cartas oceanográficas, por bússolas, astrolábios etc.
   Viver não é preciso, não sabemos com exatidão como e aonde iremos chegar.

3. Interpretando *navegar é preciso* do ponto de vista do homem apaixonado pela navegação:
   Navegar é preciso, é o que mais importa, essencial. Para o "homem do mar", navegar é viver.
   Viver não é preciso, a vida, sem a navegação, não tem valor.

4. Interpretando *navegar é preciso* do ponto de vista tecnológico e da modernidade:
   Navegar é preciso, é importante.
   Navegar na internet é importante para que estejamos constantemente atualizados na era da globalização.
   Viver não é preciso, não precisamos vivenciar tudo o que encontramos disponibilizado on-line.

5. Interpretando *navegar é preciso* do ponto de vista do poeta:
   Navegar é preciso, sonhar, imaginar é necessário. A matéria-prima do poeta é a sua imaginação.
   Viver não é preciso, o poeta não precisa necessariamente viver aquilo que imagina.

   Qual dessas interpretações está correta?

RESPOSTA:

Na condição de estarmos interpretando o trecho isoladamente, todas as interpretações estão corretas. Cada uma é elaborada a partir de uma ótica diferente.

E no caso de uma prova ou de um concurso? Como devemos proceder para estabelecer a ótica correta e alcançar o sucesso?

A diferença fundamental é que em uma prova ou concurso, quando a interpretação se processa, existe a interação do trecho com o contexto no qual ele está inserido.

Para que você possa obter melhores resultados em provas e concursos, faremos a análise das relações das partes com o todo.

A metodologia está estabelecida com base nas técnicas até então desenvolvidas, visando a um maior conhecimento e domínio do processo interpretativo.

Então, vamos lá!

OTIMIZANDO A INTERPRETAÇÃO DE TEXTOS

A interpretação de textos pode ser analisada com base em alguns degraus da ação. Teste os seus conhecimentos assinalando os degraus onde se processa a interpretação!

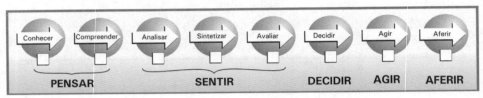

Compare o que você assinalou com a análise que estaremos desenvolvendo.

Podemos dizer que a interpretação descobre o que a compreensão projeta. Portanto, ter um bom entendimento do texto torna-se um pré-requisito para uma boa interpretação.

Uma vez trabalhados os degraus do conhecimento e da compreensão, chega o momento de interpretar.

Interpretar significa **analisar, sintetizar e avaliar (sentir)** o que foi compreendido com base nos seus conhecimentos anteriores, nos valores pessoais e na sua intuição.

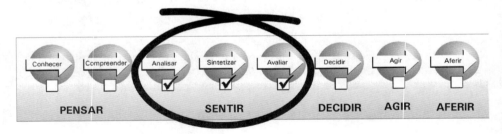

Na leitura dinâmica, o **sentir** está tecnicamente estruturado para que você possa interpretar textos com grande economia de tempo e segurança.

Lembre-se de que em uma prova ou concurso a resposta tecnicamente correta deve ser indiscutível.

Como evitar o pingue-pongue

Todas as vezes que temos perguntado se as pessoas conhecem o pingue-pongue na interpretação de textos, a resposta tem sido afirmativa.

A conhecida prática de ficar indo e voltando do texto para as perguntas e das perguntas para o texto aumenta o risco de interpretar a parte desligada do todo.

Buscando desta maneira a resposta mais coerente, a simples coincidência de uma forma equivocada de interpretação com uma das respostas apresentadas poderá induzir ao erro.

Aprenda agora a evitar o pingue-pongue e a melhorar o seu desempenho na interpretação de textos.

DICAS PRÁTICAS

1. Faça a pré-leitura do texto

Fazendo a pré-leitura, você terá a visão global do assunto, familiarizando-se e preparando-se para a leitura.

2. Faça a pré-leitura das perguntas

Pré-lendo as perguntas, você estará pré-estipulando o foco a ser adotado, ajustando a sua atenção e adequando a sua abordagem.

Obs.: no caso de questões de múltipla escolha, evite ler as respostas para que você não se sugestione.

3. Leia o texto

Leia o texto com o firme propósito de compreendê-lo (degrau anterior à interpretação), tendo em vista o foco estabelecido pelas perguntas.

4. Interprete o texto

Retorne às perguntas e interprete texto.

No caso de dúvida, o domínio adquirido sobre o texto permitirá que você localize o trecho em questão de forma rápida e objetiva.

Utilização da técnica

Essa metodologia pode ser aplicada em outras situações, mediante pequenas adaptações.

Exemplo:
Em uma prova de múltipla escolha (independentemente do assunto), é indicado que se inicie a resolução pelas questões mais fáceis.

Embora essa seja uma dica bastante conhecida, muitas vezes descobre-se que uma questão é mais fácil ou mais difícil do que outra pelo processo de tentativa e erro.

Imagine-se encontrando dificuldade na resolução da primeira questão de uma prova. Pelo processo anteriormente descrito, você avançaria para a resolução da segunda (porém, com um nível de tensão maior em função da dificuldade encontrada). Admitindo que esse processo pode continuar a se repetir, o nível de tensão a cada dificuldade encontrada tende a aumentar.

O aumento do nível de tensão pode chegar a causar bloqueios e consequente fracasso no exame.

Para evitar esse tipo de problema e alcançar melhores resultados, basta observar algumas dicas.

DICAS PRÁTICAS

1. Faça a pré-leitura de todas as questões

Utilizando uma pequena parte do tempo para fazer a pré-leitura das questões, você terá condições de perceber quais são aquelas cuja matéria domina melhor.

2. Assinale as questões que julgar mais fáceis

Use sinais gráficos para definir por quais questões você deve iniciar a resolução.

3. Resolva as questões

Dessa forma, a probabilidade de você obter acertos iniciais aumenta e cada questão solucionada contribui para a diminuição do seu nível de tensão, além de acumular pontos para o seu resultado final.

EXERCÍCIO DE VELOCIDADE
LEIA RÁPIDO E MARQUE O TEMPO!

QUEM NÃO TEM SUA MANIA?[20]
Chico Anysio

    De mãos dadas pelo mundo andam a mania de perseguição e o complexo de inferioridade. Há gente por aí que se julga de tal modo perseguida pela sorte que é capaz de dizer: "No mês de agosto, todos os dias foram péssimos para mim, com exceção dos últimos trinta." Houve tempo na minha vida em que eu tive a mania de trabalhar para melhorar as finanças do Jockey Club. Ou seja: tudo que ganhava com o trabalho eu entregava ao Jockey, através dos meus péssimos palpites. Pode ser que, teoricamente, eu tenha vivido uma fase de grande prejuízo, mas, na prática, que lucro! Dos tipos que conheci nas arquibancadas do hipódromo, tirei vários para incorporar aos personagens dos quais hoje vivo e com os quais tenho faturado quanto posso. Um deles, estou certo, continua até hoje tentando acertar "aquela tremenda acumulada" que persegue desde 1948. Com certeza não ficará aborrecido e, quem sabe, talvez me agradeça a promoção. Sua mania de apostar nos cavalos é tão grande que um dos seus filhos só não foi batizado com o nome de "Betting" porque um conselho de família proibiu. Mas o garoto chama-se Rigoni, numa homenagem ao jóquei paranaense. Foi o mínimo que o pai exigiu.

    Junto com a mania do Prado, ele tinha outra que lhe infernizava a vida: a mania de que o azar o acompanhava. Depois de reclamar que o cavalo em que apostara era o único quieto, na fita de largada, quando todos os outros estavam fogosos; depois de lamentar que seu cavalo era o único doente (por estar aos pulos), quando todos os outros estavam acomodados; depois de já se considerar perdedor quando seu cavalo vinha em segundo ou terceiro lugar, ainda em meio a reta oposta; depois de achar que ele havia tomado a ponta na altura das arquibancadas apenas para iludi-lo, porque no fim, certamente, acabaria perdendo; depois de ver a vitória de seu cavalo e, imediatamente, garantir que seria desclassificado; depois de todas essas considerações maníacas, chegou ao cúmulo de – após ouvir o alto-falante confirmar a vitória do cavalo em que apostara, com aquele característico

---

[20] Adaptado do livro *Comunicação e Interpretação*. vol. 2, Rio de Janeiro: Companhia Editora Nacional, 1978.

"podem pagar" – levantar, espreguiçar-se e comentar com seus botões, porém de modo que eu escutei e também escutou o Haroldo Barbosa e todos que faziam parte do mesmo grupinho.

– Bom, deixa eu ir receber esse dinheiro falso!

Pior que a mania de perseguição é, sem dúvida alguma, a mania de grandeza. Pior, para nós. Quem tem mania de ser perseguido pela sorte perturba a própria vida, enquanto o megalomaníaco perturba a nossa. Conheci, por volta de 1949, um camarada que me fazia lembrar aquele que um dia disse ter sentado ao lado do Papa, num carro, e, ao passar pelas ruas de Roma, o povo perguntava; "Quem é aquele que vai ao lado do Miguel?" Eu conheci um "miguel" desses. Era um pretinho que fazia sambas e de quem ouvi coisas deliciosas. Perguntado se lembrava o ataque do selecionado brasileiro na Copa do Mundo de 1938, ele respondeu rápido: "Luizinho, Romeu, Leônidas, Eu e Patesko." Este simpático pretinho foi muito simpático no início, quando era uma novidade ele dizer, na sua loucura mansa: "Pouco me importa Ele ter me expulsado do Paraíso: eu comi a maçã porque deu vontade, pronto." Aos poucos, o Vidigal foi-se tornando chato e sua mania de grandeza ganhando grandiosidades insuportáveis. Foi proibida sua entrada na rádio no dia em que o Antônio Maria escutou o fim de uma estória que ele contava a um grupo de moças: "...e, no sétimo dia, Eu descansei."

Número de palavras: 587   Marque agora o seu tempo!   Min.____ seg.____

QUADRO DE DESEMPENHO		TESTE DE DESEMPENHO	RESULTADO
Velocidade	Ppm	(587 : tempo em minutos)	
Captação	Pcap	(Número de acertos x 10)	
Efetividade	Pcap/min	(Ppm x Pcap : 100)	

Exercício 4. Interpretação

1) "No mês de agosto, todos os dias foram péssimos para mim, com exceção dos últimos trinta." O complexado do azar teve, realmente:
   a) um único dia de azar.
   b) trinta dias de azar.
   c) trinta e um dias de azar.
   d) trinta e um dias de sorte.
   e) um único dia de sorte.

2) Conclui-se, assim, que quem tem mania de azar:
   a) tem realmente azar.
   b) nunca esquece o seu dia de sorte.
   c) nunca tem azar.
   d) não liga para seus dias azarados.
   e) só lembra o seu dia de azar.

3) "Houve tempo na minha vida em que eu tive a mania de trabalhar para melhorar as finanças do Jockey Club." Nessa época, o autor era:
   a) jóquei.
   b) comentarista de turfe.
   c) apostador.
   d) proprietário de cavalos.
   e) empregado do Jockey.

4) Sua época no Jockey Club proporcionou-lhe:
   a) enriquecimento fácil à custa das apostas.
   b) notável experiência humana.
   c) aperfeiçoamento atlético.
   d) grande cultura turística.
   e) inesquecível empobrecimento.

5) Quando o cavalo em que apostara estava quieto na fila, o viciado logo o julgava:
   a) barbada.
   b) fogoso.
   c) possível vencedor.
   d) fora do páreo.
   e) indócil.

6) **O viciado só não se desiludia quando:**
   a) ganhava.
   b) seu cavalo estava indócil na fita.
   c) não jogava.
   d) seu cavalo estava na ponta até perto da chegada.
   e) o cavalo em que apostara vinha em segundo ou terceiro lugar na reta oposta.

7) **O característico "podem pagar":**
   a) desclassifica o cavalo vencedor.
   b) liquida as esperanças de quem não jogou no cavalo vencedor.
   c) anula o páreo.
   d) indica o término do páreo.
   e) significa que o páreo está em julgamento, pois vários cavalos disputam o primeiro lugar.

8) **Tendo, finalmente, acertado o vencedor, o viciado exclama: "Bom, deixa eu ir receber esse dinheiro falso!" Eis a frase-síntese da sua psicologia, que podemos traduzir com os seguintes adjetivos:**
   a) mal-humorado / irritadiço / fúnebre.
   b) tranquilo / pacífico / otimista.
   c) impassível / apático / solene.
   d) pessimista / incrédulo / infortunado.
   e) impertinente / venturoso / excêntrico.

9) **O megalomaníaco:**
   a) se autoprejudica.
   b) chateia seus amigos.
   c) tem complexo de culpa.
   d) inferniza a própria vida.
   e) é muito viajado.

10) **O Vidigal julgou-se também:**
    a) Leônidas e Miguel.
    b) Antônio Maria e Lúcifer.
    c) Adão e Eva.
    d) Adão e Deus.
    e) Eva e o Papa.

TÉCNICAS DE RETENÇÃO DE TEXTOS

Não podemos dizer qual é ou até mesmo se existe a "melhor técnica" quando o objetivo é a retenção de informações de um texto.

O que existe são diversas técnicas, que devem ser adequadas às diferentes situações que surgem quando lemos.

Agora, faremos uma abordagem das técnicas de retenção, explorando suas possibilidades, limitações, cuidados e restrições à sua utilização.

REPETIR A LEITURA MECANICAMENTE

Ler e reler um texto mecanicamente, com o objetivo de retê-lo, é o mesmo que DECORAR.

Decorar, apesar de muito comum no meio acadêmico, pode ser prejudicial para a formação dos leitores.

Por ser uma técnica com características de utilização a curto prazo e sujeita a interferências, devemos estudar a sua perfeita utilização:

Possibilidades de uso
- Quando a previsão de evocação for a curtíssimo prazo.
- Quando as informações a serem retidas puderem ser posteriormente esquecidas (descartáveis).
- Quando o volume de informações for reduzido.
- Quando a fidelidade na evocação exigir a lembrança palavra por palavra do que foi lido.
- Quando a evocação não exige que você tenha necessariamente compreendido o contexto.

Limitações, cuidados e restrições ao uso

- Admitindo a grande probabilidade de que as informações decoradas serão, em seguida, esquecidas, evite decorar a leitura.
- Se você está acostumado a decorar lendo em voz alta, terá de escolher um local onde possa ficar sozinho. Dez pessoas não conseguem ler em voz alta e simultaneamente no mesmo local.
- Depois de decorar, reze para não encontrar com ninguém que queira bater um bom papo com você, pois esta interferência pode pôr em risco todo o seu esforço.
- Quando se decora e ocorre o esquecimento de um fragmento da informação, todo o restante fica comprometido.
- Quando estiver evocando algo que tenha sido decorado, cuide para que você não seja interrompido, pois este tipo de interferência pode ser fatal.
- A simples insegurança gerada pelo medo de esquecer algo já pode ser o suficiente para gerar tensão e bloqueios. É nesse momento que normalmente "dá o branco".

RECITAÇÃO

Recitar significa repetir o contexto do que foi apreendido na leitura com suas próprias palavras. A repetição pode ser verbal ou mental.

Possibilidades de uso

- Para você autoavaliar o conteúdo que já tem memorizado e em quais partes existe a dificuldade de evocação.
- Para você exercitar a sua memória.

- Na simulação de uma condição em que você tenha de transmitir informações verbalmente.
- Para reforçar um aprendizado recente.
- Nos estudos, quando o objetivo é reter para a construção do saber.

Limitações, cuidados e restrições ao uso

- Evite fazer a recitação paralelamente à leitura. O parcelamento da linha de raciocínio, a divisão da atenção e a falta de visão do todo prejudicam o processo.
- A recitação é um processo de síntese. Portanto, só é possível recitar aquilo que você conhece, compreende e analisa.
- Para apresentações em que você precise falar em público, procure utilizar sistemas mnemônicos ou esquemas, nos quais as palavras-chave possam orientar a sua recitação.

MEMÓRIA VISUAL

A memória visual desempenha um papel importante na evocação de informações de um texto. Considera-se memória visual o que você efetivamente viu ou as imagens que criou, ficando tudo, de alguma forma, associado ao texto.

Possibilidades de uso

- Como referencial para a localização de informações em consultas futuras.
- Como base para o encadeamento de ideias principais que facilitam a evocação das informações de um texto.
- Como auxílio à recitação.

Limitações, cuidados e restrições ao uso

- A memória visual depende do nível de atenção e observação do leitor.
- No caso da visualização, exige do leitor um maior nível de abstração.
- Para a retenção de dados específicos, exige um conhecimento aprofundado em sistemas mnemônicos.

COPIAR PARTES DO TEXTO E RELER SOMENTE AS ANOTAÇÕES

A prática de fazer anotações durante a leitura deve ser analisada com bastante cuidado. A mesma anotação realizada tecnicamente auxilia na retenção; realizada de forma não estruturada prejudica o próprio entendimento do texto.

Possibilidades de uso

- Como fase preliminar de uma síntese escrita.
- Como base para um arquivamento de dados.
- Para a realização de um fichamento.
- Para a consulta direta.

Limitações, cuidados e restrições ao uso

- Evite fazer as anotações durante a leitura. Quando você para de ler e faz anotações, interrompe a linha de raciocínio e prejudica a compreensão.
- Sem a visão do todo, você corre o risco de anotar partes que posteriormente poderão ser consideradas supérfluas.
- Cuide para que as anotações copiadas sejam realmente úteis e objetivas.

SINAIS GRÁFICOS

As setas, chaves, asteriscos, grifos e demais convenções pessoais têm como função dar notabilidade às informações a serem memorizadas.

Possibilidades de uso

- Para facilitar a identificação de informações a serem memorizadas.
- Para dar destaque a trechos importantes a serem sintetizados.
- Como referencial para uma revisão.

Limitações, cuidados e restrições ao uso

- Evite marcar demasiadamente o texto.
- De forma análoga ao tópico anterior (copiar partes do texto e reler somente as anotações), a leitura e os sinais gráficos não devem ser executados simultaneamente.
- Entende-se que somente após seguramente identificada a informação é que devemos aplicar os sinais gráficos.
- Use preferencialmente a cor amarela para realizar os seus grifos. Como o amarelo não é reproduzido nas fotocópias, se for necessário, você poderá recuperar o texto posteriormente sem grifos.

SISTEMAS DE MEMORIZAÇÃO

Os sistemas de memorização (mnemônicos) podem ser usados com excelentes resultados para auxiliar na memorização de textos.

A utilização de sistemas mnemônicos vem desde a Grécia Antiga, mas a sua essência permanece inalterada: a **associação de ideias**.

Para a memorização de textos, as associações podem ser feitas com base nas ideias principais e/ou nas palavras-chave.

Conforme afirmado no livro *Como Passar em Provas e Concursos*, "o ideal é memorizar o essencial (o esquema, a árvore, o mapa mental, a estrutura) e, a partir daí, fazer uso do raciocínio" e também da memória natural".

Quando se faz uso de sistemas mnemônicos, o objetivo maior não é reter o texto palavra por palavra, mas sim registrar o seu conteúdo ou as partes tidas como fundamentais, de forma a permitir a evocação posterior com suas próprias palavras.

Exemplo:

Estudando um texto técnico que trata da escala de dureza dos materiais, um grupo de profissionais apresentou o seguinte sistema mnemônico para a sua retenção:

Tagi**ca** **f**oi **à f**eira. **Q**uantos **t**omates **c**omprou a **d**inheiro?
talco, gipsita, calcita, fluorita, apatita, feldspato, quartzo, topázio, corindon, diamante

De acordo com o sistema elaborado, a sequência dos minerais do mais macio para o mais duro é: **talco, gipsita, calcita, apatita, feldspato, quartzo, topázio, corindon e diamante.**

Quando o texto apresenta as suas informações sequencialmente, o que acontece em um discurso, em um plano de aula ou em um assunto a ser proferido em uma palestra, o encadeamento das ideias principais ou palavras-chave deve ser feito como os elos de uma corrente.

O "sistema elo" consiste na associação de imagens mentais. Lança-se mão da memória visual para a construção de uma tela mental, um poderoso recurso para trazer o registro de informações. Os elos devem ser formados associando-se um item após o outro. É preciso usar um pouco de criatividade para formar imagens em sua mente. Para isso, procure empregar uma ou mais regras na sua criação. Assim, a motivação para a recordação contribuirá para o domínio da técnica. O que você deseja memorizar vai depender também de atitudes básicas para um resultado eficiente: concentração, atenção e observação.

O "sistema elo", que veremos mais profundamente a seguir, é utilizado para memorizar informações apresentadas em sequência. Cotidianamente, são muitas as coisas que precisam ser aprendidas ou lembradas, que obedecem a uma ordem. Um discurso é uma sequência de pensamentos, uma fórmula é uma sequência de componentes e um plano de aula é uma sequência de assuntos a serem abordados, por exemplo.

Uma vez aplicado o sistema, teremos a informação registrada na memória natural e pronta para ser evocada.

Assim, ao lembrar-se do primeiro elo, poderá lembrar-se também dos seguintes que também estão associados.

Os sistemas mnemônicos admitem várias formas de associações. Na verdade, o limite para elaborar as ligações é a própria criatividade.

TÉCNICAS PARA SÍNTESE DE TEXTO

RESUMO

É de fundamental importância que você desenvolva um método para fazer e conservar anotações de modo eficiente, facilitando o seu estudo posterior.

Você pode fazê-lo tecnicamente ou optar pela elaboração de uma simples síntese escrita.

Para elaborarmos tecnicamente um **resumo,** no caso de monografias e dissertações de tese, devemos levar em consideração o Sistema Brasileiro de Documentação. O resumo está regulado pelas **Normas ABNT**[21] **sobre documentação** pela NB-1988 (NBR 6028/1989).

Para a elaboração de uma **síntese escrita,** basta que você, após ter lido e compreendido o texto, destaque as ideias principais e faça a redação abordando as afirmações básicas, argumentos e exemplos, gerando suas conclusões.

Evite fazer a cópia literal do que o texto apresenta. Usando as suas próprias palavras, você estará fazendo uma autoavaliação do seu nível de entendimento e do seu poder de síntese.

Por entendermos que o leitor carece de tempo, faremos uma abordagem mais detalhada de duas técnicas, que, por serem de elaboração mais rápida, podem substituir o resumo ou até mesmo auxiliar na sua elaboração: **o *recall* e o sintegrama analítico.**

Então, vamos lá!

RECALL

O *recall* é uma esquematização gráfica que tem por objetivo "rechamar o texto", explorando a utilização de recursos que facilitam a sua visualização.

Pode ser utilizado para facilitar o fichamento e a revisão de informações; para orientar uma apresentação, como estrutura básica na realização de um resumo ou redação de um texto; para registrar dados em uma palestra etc.

Na esquematização, são ressaltadas as ideias principais e suas inter-relações com as demais ideias que compõem o texto.

O *recall* admite o uso de convenções pessoais, como sinais, símbolos e desenhos, que podem ser utilizados sem restrições.

O limite fica por conta da criatividade e da capacidade de representação de quem realiza o *recall.*

Nesse tipo de esquematização, não existe a preocupação de que a representação seja entendida por terceiros; basta que a pessoa que esquematizou consiga resgatar as informações do gráfico.

---

[21] As Normas Brasileiras, elaboradas pela ABNT, têm vigência oficial e são revisadas a cada cinco anos.

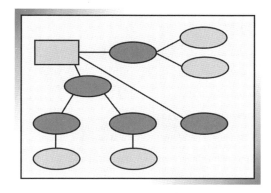

Para que o *recall* seja realizado de maneira ótima, devemos observar alguns fatores, como:

TEMPO

O tempo para a realização do *recall* deve ser significativamente inferior ao de uma síntese escrita (resumo).

FIDELIDADE

Ao compararmos o *recall* com o texto original, devemos facilmente estabelecer uma identificação.

LÓGICA

A ordenação lógica das partes que compõem o texto deve estar adequadamente estabelecida.

CLAREZA

Os desenhos, as abreviaturas e a simbologia utilizada devem permitir um rápido resgate do conteúdo sintetizado.

SÍNTESE

O *recall* apresenta como resultados a síntese gráfica da seleção e a organização das informações consideradas de maior relevância do texto.

COMPLEMENTAÇÃO

O *recall* é um gráfico aberto que admite a inclusão de dados complementares.

A representação *recall* de um texto admite uma série de vantagens e limitações comparadas com as formas tradicionais de síntese de textos, como o resumo.

Vantagens e possibilidades

- Possibilita a visualização imediata do todo.
- Identifica a relevância das ideias dentro do contexto.
- Utiliza espaço reduzido.
- Economiza tempo na construção.
- Permite maior flexibilidade na construção.
- Torna o resgate das informações mais rápido.
- Permite a inclusão de informações.
- Introduz-se facilmente em uma ficha.
- Facilita a revisão.
- Pode servir de base para a elaboração de um resumo.
- É de fácil memorização.

Desvantagens e limitações

- Por admitir convenções pessoais, dificilmente é compreendida por terceiros.
- Não é o meio ideal de consulta para longo prazo.
- O resgate de informações não é feito na íntegra.
- Não permite a análise detalhada do conteúdo do texto.

Elaborando o *recall*

Algumas sugestões de convenções que podem ser utilizadas:

- Para uma ação sequencial: → → → →
- Para uma ação concretizada: ⎯⎯⎯⎯→
- Para uma ligação simples: ⎯⎯⎯⎯⎯
- Para uma situação transitória: >>>>>>>>>>>>>
- Para uma ideia principal: ▭
- Para uma ideia secundária: ◯

DICAS PRÁTICAS PARA ELABORAÇÃO DO *RECALL*

Não existe uma única forma de representação ou procedimento padrão para a elaboração do *recall*. O mesmo texto pode ser esquematizado de inúmeras maneiras diferentes. Porém, algumas dicas práticas facilitam a sua elaboração:

- Em primeiro lugar, identifique a ideia central, fazendo perguntas como: Qual é o personagem central da história? Do que trata o texto?
- Em seguida, dê destaque à ideia principal, usando como caixa de texto uma figura geométrica única e diferenciada das ideias secundárias e demais.

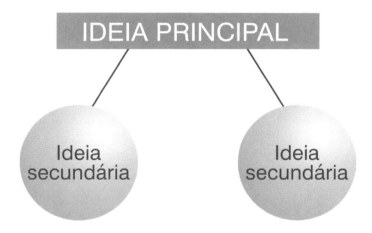

- Você poderá usar palavras-chave para identificar tanto as ideias principais como as demais.
- Para a sua segurança, se for preciso abreviar palavras, procure fazer de modo que você possa identificá-las com facilidade posteriormente (fig. nº 11).
- Evite letras isoladas, pois o risco de esquecimento aumenta consideravelmente (fig. nº 12).
- Exemplo: Segundo Henry Fayol, as funções da administração são o planejamento, a organização, a coordenação, o comando e o controle.

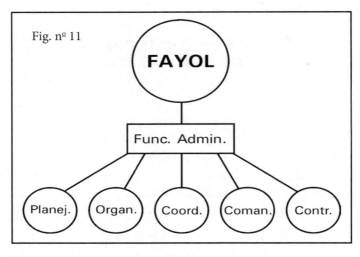

Fig. nº 11

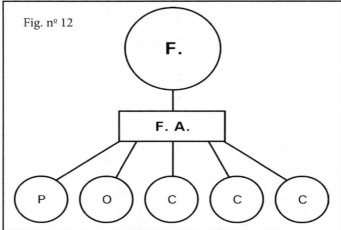

Fig. nº 12

Você poderá usar o *recall* como uma ferramenta de síntese para o estudo.

Ao término da leitura de uma unidade de estudo, elabore o *recall*. Assim, você já estará fazendo uma autoavaliação do seu nível de entendimento do assunto abordado.

No caso de dificuldades ou dúvidas, você poderá voltar objetivamente à parte problemática com grande economia de tempo.

Obs.: É importante que você registre detalhadamente a fonte para facilitar o retorno ao texto integral.

Com a utilização do *recall*, o retorno ao livro, próximo à realização de uma prova, poderá se tornar uma exceção.

RECALL

Texto: "O homem de 1,54 m" (p. 9)

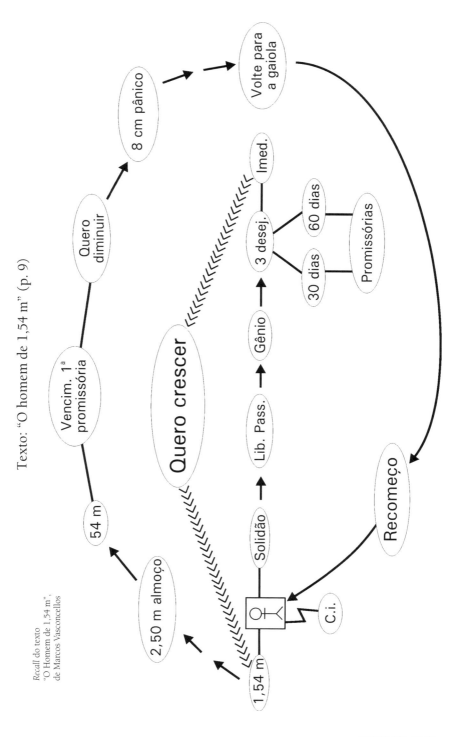

Recall do texto
"O Homem de 1,54 m",
de Marcos Vasconcellos

SINTEGRAMA ANALÍTICO

Podemos dizer que o sintegrama analítico (SA) é o meio-termo entre o *recall* e o resumo. Sua confecção obedece aos mesmos princípios de construção do *recall*, porém o SA é mais detalhado e pode oferecer condições de um resgate mais preciso das informações esquematizadas.

As informações contidas no SA podem ser compreendidas por terceiros, pois não são utilizadas convenções pessoais na sua elaboração.

O sintegrama analítico poderá ser usado no registro pessoal, registro comum e emissão de informações sintetizadas.

Principais aplicações

- Elaboração de planos de aula.
- Tomada de notas em palestras e aulas expositivas.
- Produção de roteiros sintetizados de palestras e exposições orais.
- Apresentação sintética de normas e procedimentos.
- Produção de guias práticos de uso a partir de manuais técnicos.
- Fichamento de informações para o resgate a curto ou longo prazo.
- Representação gráfica de ideias ou projetos.

DICAS PRÁTICAS PARA ELABORAÇÃO DO SINTEGRAMA ANALÍTICO

- Certifique-se de que tem uma boa compreensão do texto e, depois, sintetize-o. Evite elaborar o sintegrama analítico ao mesmo tempo que lê o texto. Lembre-se de que é preciso conhecer, compreender e analisar para que a síntese seja efetiva (vide degraus da ação no processo de leitura, pág. 13).
- Identifique e dê destaque à ideia principal.

- Procure elaborar o sintegrama analítico de maneira que a organização lógica das informações seja facilmente percebida.
- Deixe sempre espaço para dados complementares que ocasionalmente precisem ser incluídos.
- Evite usar letras soltas para indicar ideias. Isso dificultará o resgate de informações a longo prazo.
- Você poderá usar uma ou mais palavras-chave para identificar tanto as ideias principais como as demais.
- Use frases curtas quando precisar descrever uma situação de forma mais detalhada.
- Se o objetivo for o de compartilhar as informações com outras pessoas, evite usar convenções e desenhos de cunho pessoal que dificultem o entendimento por parte de terceiros.
- Utilize, preferencialmente, convenções tidas como universalmente conhecidas para mostrar ligações ou outras indicações.
  Ex.: − + = % > < ♂ ♀
- Explore recursos gráficos, como setas, chaves e formas geométricas, para facilitar a visualização do todo e das suas partes.
- Procure padronizar as suas formas de representação, para facilitar um futuro reconhecimento.
  Ex.:

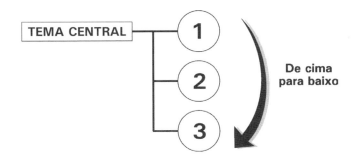

- No caso de estar elaborando o sintegrama analítico manualmente, escreva com letra de imprensa. Quanto maior for a clareza da exposição, mais rápido será a releitura.

- O uso de cores é de grande utilidade quando se quer destacar partes semelhantes em um processo (mesma cor para todas as partes) ou para fazer distinções (cada parte com uma cor diferente).
- Em alguns tipos de texto, a relação estabelecida entre as informações sugere um sistema.
- Ex.:

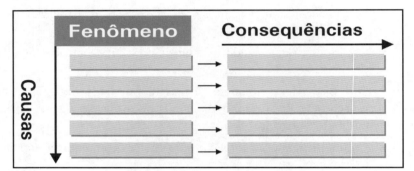

VEJAMOS, AGORA, ALGUNS EXEMPLOS DE SINTEGRAMA ANALÍTICO

Motor à explosão[22]

Uma das partes fundamentais de um motor à explosão é a câmara de combustão, constituída por um cilindro oco, fechado numa das extremidades pelo *cabeçote*, e dentro do qual funciona um êmbolo ou pistão, em movimento de vaivém. No movimento de descida, o pistão provoca uma sucção que faz entrar na câmara de combustão, através da abertura da *válvula de admissão*, uma mistura gasosa explosiva, formada por ar e gasolina pulverizada. Subindo, o pistão comprime essa mistura gasosa. No momento em que está comprimida, uma faísca elétrica gerada pela vela provoca a explosão dos gases, e estes, expandindo-se violentamente, empurram o pistão, fazendo-o voltar à posição inicial. Quando o pistão se encontra nessa fase, abre-se uma segunda válvula, a de *escapamento*, e os gases queimados são expulsos para o exterior. Essas são as quatro fases dos motores à explosão de quatro tempos, cujo inventor foi Alphonse Beau de Rochas, em 1862.

Enquanto houver combustível, esse ciclo de quatro tempos vai-se repetindo, com o pistão aspirando os gases, comprimindo-os, estes expandindo-se com a explosão e, finalmente, sendo expulsos depois da combustão. Mas o pistão tem movimento de vaivém retilíneo; para que esse movimento possa fazer girar as rodas de um automóvel é preciso transformá-lo em movimento rotativo ou giratório, e isso consegue-se por meio de bielas articuladas, que se ligam simultaneamente aos pistões e ao *virabrequim*, também chamado de *árvore de manivelas*. Esse virabrequim, por sua vez, transmite seu movimento circular às rodas do veículo, por meio de um sistema de transmissão. Apesar de ter inventado um motor tão engenhoso, e que tanto veio beneficiar a humanidade, Rochas morreu na miséria.

---

[22] Extraído da publicação *Tempo de saber*, v. 4, Liceu – número de palavras: 271.

CAPÍTULO 4 || O RITMO E OS DIVERSOS TIPOS DE LEITURA

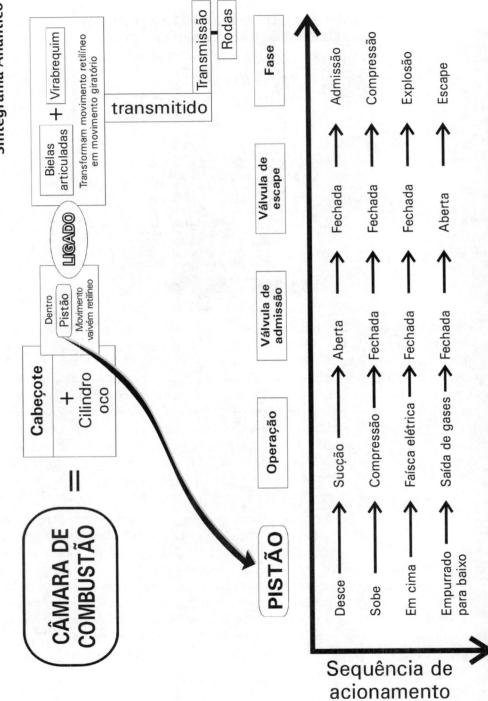

Sintegrama analítico do capítulo 11 do livro
Como passar em provas e concursos,
de **William Douglas**.

Mapa Mental

De forma semelhante ao *recall* e ao sintegrama analítico, podemos citar também o Mapa Mental de Tony Buzan[23] como mais uma ferramenta intelectual para auxiliar a síntese e a retenção de textos.

O Mapa Mental: uma nova dimensão da tomada de apontamentos

Busan afirma que um mapa mental se nutre de todas as nossas capacidades mentais: a capacidade associativa e imaginativa da memória, as palavras, os números, as listas, as sequências, a lógica e as análises do córtex cerebral esquerdo; as cores, as imagens, as dimensões, o ritmo, as emoções, a *Gestalt* (imagem completa) e a consciência espacial do lado direito do córtex cerebral; a capacidade dos olhos perceberem e assimilar; a das mãos, cada vez mais bem preparadas, para repetir o que os olhos viram, e o poder de todo o cérebro para organizar, armazenar e recordar o que foi aprendido.

Nas tomadas de anotações a partir de um mapa mental, nos apontamentos na forma habitual (frases ou listas) do que queremos lembrar, deveremos colocar uma imagem no centro da página (para ajudar a concentração e a memória) e logo traçaremos uma estrutura ramificada ao redor dela, utilizando palavras e imagens-chave. Conforme vamos confeccionando o mapa mental, o cérebro cria um mapa integrado de todo o território intelectual que estamos explorando.

As regras para confeccionar um mapa mental são as seguintes:

1. Uma imagem colorida no centro.
2. As ideias principais se ramificam a partir do centro.
3. As ideias principais devem ter letras ou imagens maiores do que as das ideias secundárias.
4. Escrever sempre uma palavra por linha. Cada palavra encerra um enorme número de associações e tal regra permite a cada uma delas mais liberdade para colocar-se em contato com as áreas associativas do cérebro.
5. As palavras devem ser sempre escritas com letra de forma maiúsculas ou minúsculas ou combinação de ambas.
6. As palavras devem ser escritas sempre sobre as linhas (proporcionando assim ao cérebro uma imagem mais fácil de ser recordada).
7. As linhas devem estar vinculadas entre si (para ajudar a memória associativa). Para uma maior eficiência tanto de associação como de espaço, as linhas de ligação devem ter o mesmo comprimento da palavra ou imagem.

---

[23] Buzan, Tony. *Mapa Mental*. Barcelona: Urano, 1998. p. 173.

8. Usar todas as imagens possíveis (o que ajuda a desenvolver um enfoque cerebral holístico e também facilita a memorização; assim, uma imagem equivale a mil palavras).
9. Utilizar o exagero sempre que possível (as coisas em destaque são recordadas com mais facilidade).
10. Utilizar números ou códigos para ordenar os elementos ou mostrar as conexões entre eles.
11. Para codificar e vincular, recomendamos utilizar setas, símbolos, números, letras, imagens, cores, relevos ou contornos.

Exemplo de Mapa Mental:

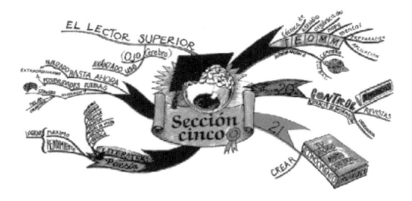

Mapa Mental elaborado por Tony Buzan (1998, p. 173).

Importante: alguns autores defendem o uso de mapas mentais somente com imagens que auxiliam a recuperação das mensagens pelo campo visual, como vimos anteriormente. Como sempre dizemos, você deve ser flexível para adaptar as técnicas à sua necessidade. Uma boa referência para a elaboração de mapas mentais é a obra *Mapas Mentais para Provas* e Concursos, de William Douglas e Felipe Lima.

FICHAMENTO

O fichamento consiste em organizar as informações de forma sintética e objetiva, para que a acessibilidade e a memorização fiquem favorecidas.

Possibilidades de uso

- A ficha[24] poderá ser confeccionada em papel e(ou) formatada no computador.
- Como recurso de apoio para uma aula ou exposição verbal.
- Na revisão de informações, próximo a um exame.
- Como fonte de consulta a longo prazo.
- Como técnica de arquivamento de informações.

Cuidados, limitações e restrições ao uso

- Faça um registro detalhado da fonte bibliográfica.
- A ficha deverá ser padronizada, para facilitar o acesso às informações.
- Reserve algum tempo para o fichamento. Inicialmente, o processo demanda um tempo considerável, porém, uma vez concluído, ficará mais fácil acessar as informações através das fichas.
- É preciso que se tenha o domínio de técnicas de síntese de textos (resumo/ *recall*/ sintegrama/ mapas mentais) para que o fichamento seja efetivo.

TIPOS DE FICHA

Podemos elaborar fichas com os mais variados propósitos. Dentre os diversos tipos de fichas, podemos citar:

1) **FICHAS BIBLIOGRÁFICAS**

São usadas para registrar as anotações básicas sobre uma obra. Nos estudos, facilitam as consultas posteriores e podem ser de dois tipos: por **assunto** e por **autor**.

1.1) Por assunto

- O objetivo do fichamento por assunto é montar acervo com diversas fontes bibliográficas, contemplando um determinado assunto.
- Neste tipo de ficha, a indicação principal é o **assunto tratado no livro**, destacando-se o **título da obra,** seguida das anotações contendo o nome do autor (sobrenome em maiúscula) e da editora, local, data, número de edições e número da página.

---

[24] Existem também fichas padronizadas que podem ser adquiridas em papelarias. Ex.: padrão 15cm x 21cm.

1.2) Por autor

- O objetivo do fichamento por autor é catalogar as diversas obras produzidas por um determinado autor.
- Neste tipo de ficha, a indicação principal é o **autor da obra**, destacando-se seu **último nome, que vem sempre em caixa-alta,** seguida das anotações contendo o título da obra (por extenso, juntamente com a ideia principal), editora, local, data, número de edições e número da página.

2) FICHAS DE CONTEÚDO

- São usadas para registrar anotações, transcrições, resumos, gráficos de *recall* ou sintegramas analíticos. Podemos classificar as fichas de conteúdo como: ficha-cópia e ficha-síntese.

2.1) Ficha-cópia

- Tem como objetivo fazer um registro preciso, ou seja, a reprodução exata do trecho ou dos trechos selecionados.
- A cópia deverá ficar entre aspas (" ") e os trechos suprimidos devem ser substituídos por reticências (...) e por linha pontilhada (.............), quando o período suprimido for muito longo.

b.2) Ficha-síntese

- Tem como objetivo fazer um registro pessoal em que o leitor, com suas próprias palavras, analisa de forma crítica o conteúdo do que foi lido e o sintetiza, podendo ainda formular conclusões pessoais.
- Por tratar-se da forma mais prática e usual de fichamento, detalharemos sua elaboração na fig. nº 13.

Em nosso caso, em que o interesse é o estudo, não é preciso preocupar-se em demasia com o rigor técnico de formatação. Se for o caso de produção científica, monografias, dissertações e teses, recomendamos consultar bibliografia específica a respeito de metodologia, já bastante extensa em nosso país. No caso do fichamento, pode-se consultar a obra de Leda Miranda Hühne.[25]

---

[25] HÜHNE, Leda Miranda. (Org.). *Metodologia científica: caderno de textos e técnicas*. 7. ed. Rio de Janeiro: Agir, 1997.

DICAS PRÁTICAS

As dicas para a elaboração das fichas baseiam-se no exemplo da fig. nº 13.

Para que o fichamento seja utilizado como uma ferramenta útil para o registro e posterior consulta, deve ser, ao mesmo tempo, simples na sua elaboração e fácil na utilização e no resgate de informações.

Em outras palavras, se o leitor não achar o processo prático, não o usará!

Para a elaboração da ficha-síntese, você deve:

1) **Usar uma palavra-chave como título:**
   Pela palavra-chave, você poderá rapidamente identificar o assunto fichado, facilitando assim o manuseio das fichas.
2) **Na frente da ficha, anote as referências completas da fonte bibliográfica:**
   No caso de dúvidas ou de complementação de informações, você terá como retornar à obra de origem.
3) **No verso, utilize o campo de referências para escrever "VERSO":**
   Isto facilita a identificação de uma ficha que eventualmente esteja invertida.
4) **Organize as fichas, numerando-as na frente e no verso.**
   Isto vai impedir que você as perca de ordem.
5) **O detalhe destaca as anotações feitas na margem do livro:**
   No caso de o livro ser seu, este tipo de anotação identifica os assuntos que já foram fichados.
   Por intermédio das referências registradas nas fichas e anotações feitas nas margens de seus livros, você terá acesso bidirecional ficha-livro e livro-ficha.

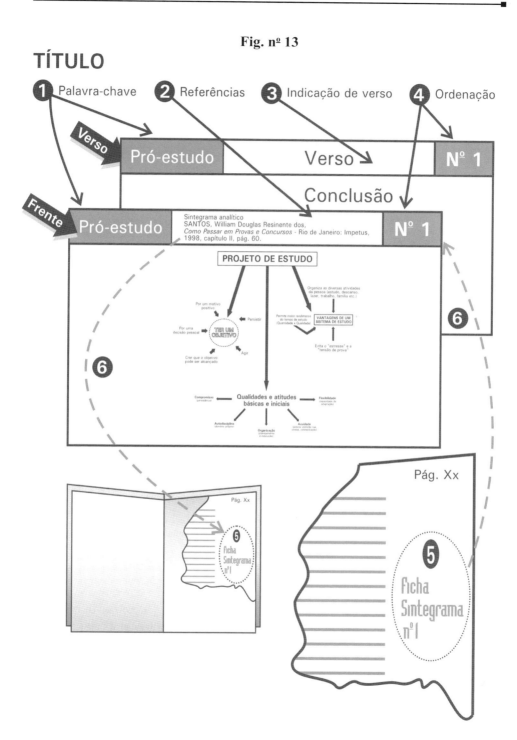

Fig. nº 13

Observações:
- O conteúdo da ficha-síntese não se restringe ao sintegrama analítico, como no exemplo da fig. nº 13. Qualquer outra forma de síntese pode ser utilizada (*recall*, resumo etc.).
- O verso da ficha pode ser utilizado para complementar a síntese, caso o espaço da frente seja insuficiente, ou para as conclusões e comentários.

Construindo um arquivo para estudar usando as fichas

Construa um arquivo com duas divisões e três seções: **A**, **B** e **C**.

Coloque todas as fichas que serão estudadas na seção **A**.

As fichas estudadas com sucesso devem ser transferidas para a seção **C**.

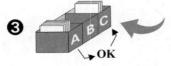

As fichas estudadas com resultado insatisfatório devem ser transferidas para a seção **B**.

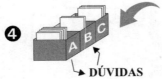

A qualquer momento, você poderá identificar quais são as fichas a serem estudadas e aquelas que já estudou.

Assim, ficará mais fácil administrar o seu tempo nos estudos, avaliando o melhor momento para interromper o estudo e sanar as dúvidas.

Observações:
Utilizando esse "arquivo de estudo", ficará mais fácil lidar com os imprevistos. No caso de você ter de interromper o estudo das fichas, basta fechar a caixa.

Quando você retomar o estudo, terá como prosseguir exatamente do ponto em que ocorreu a interrupção.

Sistema semelhante pode ser usado para guardar seus esquemas, sintegramas e mapas mentais.

Apesar de recomendarmos o fichamento e esquemas escritos, você pode utilizar o computador para fazê-los. É importante, no entanto, rever o conteúdo com ainda mais frequência, pois o uso do computador/celular/tablet pula a etapa da redação, que é importante para a retenção do conteúdo, conforme veremos posteriormente. Existem alguns aplicativos voltados para a construção de esquemas e notas que, inclusive, permitem que sejam adicionados lembretes. Utilize essas ferramentas a seu favor!

DICAS PRÁTICAS PARA VOCÊ ESTUDAR MELHOR

Nesta obra, vamos orientar a elaboração de um plano de estudo. Mostraremos, de forma clara e objetiva, como lidar integradamente com os seguintes fatores:

- Cansaço
- Tempo
- Prioridades
- Motivação
- Imprevistos

Para que possamos planejar eficazmente, precisamos analisar com atenção cada um dos fatores.

O primeiro deles é o **cansaço físico**. O cansaço é cumulativo. Isso quer dizer que, ao final de um período de estudo, quando uma série de atividades for desenvolvida, estaremos mais cansados.

A programação do tempo de estudo deve levar em consideração o fator cansaço da seguinte maneira:

Quando estou mais descansado...
- ...estudo mais.
- ...descanso menos.

Quando estou mais cansado...
- ...estudo menos.
- ...descanso mais.

Integrando os fatores **cansaço × tempo**, teremos:

CANSAÇO	Mais descansado	Descansa menos		Descansa mais	Mais cansado
TEMPO	Estuda mais				Estuda menos

Associando os fatores *cansaço* × *tempo* ao estabelecimento de **prioridades**, conseguiremos os seguintes parâmetros:
- Maior tempo e mais descansado – começar pela matéria mais difícil.
- Menor tempo e mais cansado – começar pela matéria mais fácil.

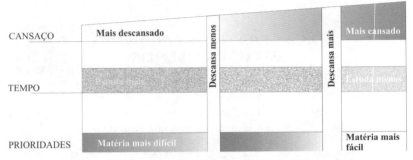

Obs.: Abordando a matéria mais difícil, comece pela parte mais fácil.

Fazendo uma análise da **motivação** e sua interação com o **cansaço**, o **tempo** e as **prioridades**, podemos concluir que:
- Em um estágio inicial, a vontade de alcançar o sucesso age como mola propulsora para que se enfrente a matéria mais difícil.
- Em um estágio final, apesar do cansaço, a motivação tem como estímulo a maior afinidade com a matéria e o tempo reduzido para o estudo.

Um **imprevisto,** como a interrupção do fornecimento de energia elétrica, pode ter consequências indesejáveis ou até mesmo desastrosas quando se fala em cumprir um planejamento.

A grande dica consiste em simular imprevistos e avaliar quais as suas possíveis consequências. Garanta que o seu planejamento contemple as melhores alternativas, caso algo ocorra.

Exemplo de imprevisto:

CANSAÇO	Mais descansado	Descansa menos	I M P R E V I S T O	Mais cansado
TEMPO	Estuda mais			Descansa mais
PRIORIDADES	Matéria mais difícil			Matéria mais fácil
MOTIVAÇÃO	+ tempo + difícil			- tempo + fácil

Interrupção

De acordo com o gráfico anterior, quando o estudo foi interrompido pelo imprevisto, a matéria que poderia derrubá-lo, a mais difícil, já foi eliminada.

A matéria de grau de dificuldade intermediário já começou a ser estudada. A matéria mais fácil não pôde ser abordada.

Imaginando que, em função do imprevisto, você não tenha conseguido cumprir o que foi planejado durante a semana, se existe o real desejo de alcançar o sucesso, você terá de abrir mão do seu lazer para estudar.

Se você tiver de estudar no final de semana, melhor que seja por menos tempo, e as matérias de que você mais gosta!

O CAMINHO DAS PEDRAS PARA VOCÊ SE TORNAR AINDA MAIS EFICIENTE

O seu sucesso nos estudos não depende somente de dedicação, mas da maneira como tal dedicação é empregada.

Aprendendo a estudar melhor você terá, à disposição, técnicas que aumentarão o rendimento do seu aprendizado tornando-o apto a alcançar o êxito desejado.

As técnicas e informações que serão apresentadas constituem um meio seguro e prático para um estudo eficiente.

Portanto, é importante conhecê-las... e usá-las!

1. Escolha adequadamente o ambiente

Sempre que for possível, escolha um local bem iluminado com o mínimo de interferências e adote um posicionamento corporal adequado para tornar a atividade mais confortável.

Coloque ao seu alcance todo o material necessário e organize-o convenientemente. Evite as interrupções e o acúmulo de material desnecessário no local de estudo. Fazendo dessa prática um hábito, você estará favorecendo a sua concentração.

2. Planeje estrategicamente o uso do tempo

Utilize a pré-leitura para avaliar a extensão dos assuntos a serem abordados; isto o auxiliará na administração do tempo disponível.

Lembre-se que estudar por várias horas seguidas acaba se tornando uma atividade pouco produtiva.

Faça uma análise do seu tempo disponível e estabeleça seu ritmo para o estudo planejando a sua utilização.

O quadro de previsão de utilização do tempo por atividade poderá ajudá-lo a identificar como o seu tempo tem sido aproveitado ou desperdiçado em suas atividades cotidianas.

Inicie observando a distribuição de tempo por atividade exemplificada pela coluna do "SENHOR X" e em seguida preencha a sua coluna ("EU") obedecendo:

1. No campo sono, indique quantas horas, em média, você dorme diariamente.
2. Para preencher o campo trabalho, você deve avaliar e anotar quantas horas você utiliza em sua jornada de trabalho (somente dias úteis).
3. O campo transporte deverá registrar quanto tempo você precisa dispor para se deslocar de sua casa para o trabalho e do trabalho para sua casa.

4. O campo alimentação deverá considerar o tempo disponível somente para almoço nos dias úteis.
5. No campo atividades sociais, descanso, lazer e outras, você deve estimar quanto tempo dedica à família, às refeições matinais e ao jantar, tempo para tomar banho e se arrumar e todas as outras atividades que não se encontram relacionadas mas fazem parte do seu dia a dia.
6. Agora subtraia das 24 horas de que você dispõe o somatório dos tempos comprometidos em suas atividades e verifique quantas horas restaram para o estudo diário. Obs.: Nesse cálculo, somente consideramos os dias úteis de segunda até sexta-feira.

PLANEJAMENTO ESTRATÉGICO DO TEMPO PARA O ESTUDO				
PREVISÃO DE UTILIZAÇÃO DO TEMPO POR ATIVIDADE:				
	SENHOR X		EU	
1 – SONO	7			HORAS
2 – TRABALHO	8			HORAS
3 – TRANSPORTE	2			HORAS
4 – ALIMENTAÇÃO	1			HORAS
5 – ATIVIDADES SOCIAIS DESCANSO E LAZER OUTRAS	4			HORAS
	Total = 22			HORAS
				HORAS
6 – TEMPO DISPONÍVEL P/ ESTUDO DIÁRIO	24h – Total = 2			HORAS

Diante do resultado obtido, verifique e responda agora se o tempo disponível para o estudo é suficiente pra que você consiga atingir os seus objetivos.

SIM ( ) NÃO ( )

No caso da resposta ter sido negativa, onde não foi possível dedicar um tempo específico ao estudo, algumas ações podem ser empreendidas:

1. Redimensionar o tempo dedicado a determinadas atividades.

2. Identificar e eliminar os seus desperdiçadores de tempo.

3. Assumir que o tempo durante a semana é insuficiente para cumprir o seu propósito de estudo e tomar a decisão de usar algum tempo do final de semana para viabilizar o seu projeto de vida. Lembre-se de que é necessário dedicar algum tempo para as atividades físicas, sociais e para o lazer, preservando assim a sua qualidade de vida. Outra solução é redefinir as metas para um prazo maior.

4. Estas sugestões são genéricas, tendo em vista o foco desta obra. Para um trabalho mais aprofundado sobre tempo de estudo, sugerimos o livro *Como passar em provas e concursos*, capítulos 8 e 9, onde o leitor encontrará técnicas para a melhor administração do tempo e elaboração de um quadro horário.

3. Defina por onde começar

Saber por onde começar é tão importante quanto saber onde se quer chegar. Organize-se para iniciar o estudo.

Identifique quais são os recursos de apoio necessários e deixe-os à mão. Evite interromper o estudo para procurar lápis, régua, calculadora etc.

Procure também deixar uma jarra com água ao seu alcance para que a sede não atrapalhe a sua concentração.

Utilize a pré-leitura para selecionar e organizar seu material de estudo, ganhando tempo e eficiência.

Traga para estudar somente os livros e cadernos que serão efetivamente usados, deixando a sua mesa limpa e organizada.

Partindo do princípio de que inicialmente você estará mais descansado, inicie o estudo pela matéria mais difícil.

Desafie-se, pois para essa matéria você estará com maior predisposição física e a sua vontade de vencer a dificuldade será fundamental para alavancar a sua motivação. Eliminando a dificuldade de dar o primeiro passo, você estará aquecido para a próxima etapa, onde a matéria programada é mais fácil.

Repita o procedimento de seleção e organização do material a cada etapa do estudo. Desta forma você poderá evitar o inconveniente da ansiedade de ter, como última etapa a ser vencida, o estudo da matéria mais desgastante e no momento de maior cansaço.

4. Otimize a retenção

Estude com o firme propósito de aprender, aplicando para este fim os recursos assimilados no treinamento: pré-leia; leia; avalie; aplique e ajuste a retenção de acordo com o seu propósito e a natureza do texto.

Evite o estudo intenso na véspera da prova. Quem estuda toda a madrugada anterior à prova acreditando que terá menos tempo para esquecer leva para o exame dois fatores extremamente negativos para a memória: o cansaço e a insegurança.

Um estudante cansado e inseguro pode sofrer um bloqueio e assim ter um enorme "branco" na hora da prova onde mesmo os assuntos sob domínio literalmente desaparecem da memória. Esse bloqueio normalmente se desfaz quando a prova termina, o aluno relaxa, o nível de tensão diminui e, para o desespero total, as lembranças RETORNAM!

Para evitar esse inconveniente, planeje o seu estudo para que próximo à data dos exames você já tenha o assunto sob domínio. Assim, ao se aproximar a prova, entrevista ou concurso, você poderá simplesmente fazer uma revisão parar evitar as perdas por esquecimento e ficar mais seguro e relaxado.

Ganhe rendimento durante o estudo sintetizando, esquematizando, fichando e usando os conhecimentos adquiridos sempre que tiver oportunidade.

As técnicas funcionam como ferramentas intelectuais que, ajustadas e usadas com habilidade, o auxiliarão a atingir o sucesso pessoal e profissional desejado.

EXERCÍCIO DE VELOCIDADE
PRÉ-LEIA,
LEIA RÁPIDO E MARQUE O TEMPO!

O relato de um acidente de trabalho encaminhado por um pedreiro lusitano ao Tribunal Judicial da Comarca de Cascais[26]

Sou assentador de tijolos. Estava a trabalhar sozinho no telhado dum edifício de seis andares e, ao terminar o serviço, verifiquei que tinham sobrado 250 quilos de tijolos. Em vez de os levar à mão para baixo, decidi colocá-los dentro dum barril e descê-los com a ajuda de uma roldana fixada num dos lados do edifício.

Desci ao térreo. Atei o barril com uma corda. Voltei ao telhado, puxei o barril para cima e coloquei os tijolos dentro dele. Voltei para baixo, desatei a corda e segurei-a com força, de modo que os 250 quilos de tijolos descessem devagar.

Devido à minha surpresa por ter saltado repentinamente do chão (meu peso é de 80 quilos), perdi a minha presença de espírito e esqueci-me de largar a corda. É desnecessário dizer que fui içado do chão sob grande velocidade. Na proximidade do 3º andar, bati no barril que vinha a descer. Isso explica a fratura de crânio e a clavícula partida.

Continuei a subir a uma velocidade ligeiramente menor, não tendo parado até os nós dos dedos das mãos estarem entalados na roldana. Felizmente, já tinha recuperado a

---
[26] Tutty Vasques, *Jornal do Brasil*, Opinião, 13/01/1997.

minha presença de espírito e consegui, apesar das dores, agarrar a corda. Mais ou menos ao mesmo tempo, o barril com os tijolos caiu no chão e o fundo partiu-se. Sem os tijolos, o barril pesava aproximadamente 25 quilos. Como podem imaginar, comecei a descer rapidamente. Próximo ao 3º andar, encontro o barril que vinha a subir. Isso justifica a natureza dos tornozelos partidos e das lacerações das pernas, bem como da parte inferior do corpo. O encontro com o barril diminuiu a minha descida o suficiente para minimizar os meus sofrimentos quando caí em cima dos tijolos e, felizmente, só fraturei três vértebras.

Lamento, no entanto, informar que enquanto me encontrava caído sobre os tijolos – incapacitado de me levantar e vendo o barril acima de mim –, perdi novamente a presença de espírito e larguei a corda. O barril pesava mais que a corda e então desceu, caiu em cima de mim, partindo-me as duas pernas.

Espero ter dado a informação solicitada do modo como ocorreu o acidente.

Número de palavras: 356   Marque agora o seu tempo!   Min.____ seg.____

QUADRO DE DESEMPENHO		TESTE DE DESEMPENHO	RESULTADO
Velocidade	Ppm	(356 : tempo em minutos)	
Captação	Pcap	(Número de acertos x 10)	
Efetividade	Pcap/min	(Ppm x Pcap: 100)	

Exercício 5. De acordo com o texto anterior, assinale a resposta correta:

1) **Quando o assentador de tijolos terminou o serviço, estava:**
   a) sendo chamado.
   b) sozinho.
   c) com o ajudante.
   d) atrasado.

2) **A decisão de descer os tijolos colocando-os em um barril foi:**
   a) planejada com todo cuidado.
   b) tomada de imediato.
   c) precipitada demais.
   d) lógica, porém equivocada.

3) **O barril estava inicialmente:**
   a) amarrado na ponta da corda.
   b) no sexto andar.
   c) no térreo.
   d) próximo à roldana.

4) **O assentador de tijolos foi içado para cima porque:**
   a) ele não soltou a corda.
   b) ele soltou a corda.
   c) o barril era menos pesado sem os tijolos.
   d) o barril caiu quando ele segurou a corda.

5) **Quando foi içado, na altura do terceiro andar:**
   a) esbarrou na sacada.
   b) fraturou o crânio e quebrou a clavícula.
   c) fraturou as pernas e os pés.
   d) quebrou os pés.

6) **Após passar pelo terceiro andar:**
   a) começou a descer.
   b) soltou a corda.
   c) sua velocidade diminuiu.
   d) o corda se partiu.

7) **Quando o barril chega ao chão:**
   a) teve o seu fundo partido.
   b) o homem fica preso na roldana.
   c) mantém o homem suspenso.
   d) todas as respostas estão incorretas.

8) **O barril sem os tijolos pesava aproximadamente:**
   a) 15 quilos.
   b) 25 quilos.
   c) 35 quilos.
   d) 45 quilos.

9) **As lacerações nas pernas e o tornozelo partido ocorreram:**
   a) quando, na queda, ele passa pelo barril vazio.
   b) quando ele cai no chão e em cima dos tijolos.
   c) porque os tijolos caem sobre ele.
   d) por causa da roldana.

10) **Ao chegar ao chão:**
    a) fraturou três vértebras.
    b) o barril caiu sobre ele.
    c) teve as duas pernas partidas.
    d) todas as alternativas estão corretas.

CAPÍTULO 4 || O RITMO E OS DIVERSOS TIPOS DE LEITURA

QUADRO-SÍNTESE DA QUARTA ETAPA

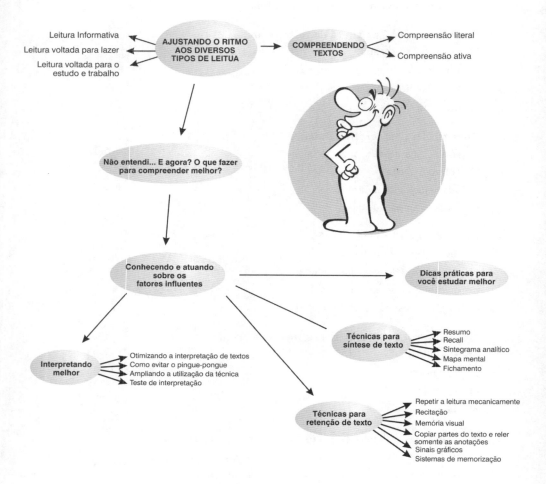

QUINTA ETAPA

Nesta estapa, discutiremos a memória e momorização aplicadas à todas as instâncias de sua vida e não somente à leitura.

Capítulo 5

MEMORIZAÇÃO APLICADA

Introdução

    Infelizmente, muitos de nós hoje em dia caímos em rotinas mentais das quais é difícil sair. Antigamente, as pessoas eram obrigadas a exercitar a criatividade e a memória a fim de poderem desempenhar suas funções. Na Grécia Antiga, os filósofos e historiadores dependiam da memória para reter e transmitir seus conhecimentos. Na contemporaneidade, o uso indiscriminado de agendas e anotações acaba acarretando uma espécie de dependência, que inibe o desenvolvimento da memória natural e o uso da criatividade. Assim, o poder de assimilação de informações normalmente é subutilizado.

    Muitas pessoas se queixam de possuir uma "memória fraca", porém são raras as que procuram fazer algo para solucionar o problema. O exercício constante da memória e o desenvolvimento de atitudes básicas, como a concentração, a observação e a atenção, são fatores fundamentais para o aprimoramento dessa faculdade.

    As técnicas e exercícios aqui presentes serão desenvolvidos para fornecer mais subsídios a um aproveitamento melhor da memória, bem como sua perfeita adequação ao dia a dia. Fazer uso cotidiano de técnicas e sistemas mnemônicos significa ter à disposição uma poderosa ferramenta intelectual para o aprimoramento pessoal e profissional.

    "O aprendizado é um processo constante que deve ser estimulado a partir da vontade existente em cada um de nós."

O Cérebro

O cérebro humano pode ser considerado a ferramenta mais poderosa do universo. Trata-se de um aglomerado de células nervosas de aproximadamente 1,2 quilo, uma máquina movida a oxigênio que, apesar de seu pequeno peso em relação ao restante do corpo, utiliza 20% do sangue distribuído a cada batimento cardíaco e é capaz de processar cerca de 100 milhões de sensações por segundo. É o órgão mais importante, o mais frágil e o que desperta maior curiosidade nos pesquisadores, por ser também o menos conhecido.

O cérebro responde aos estímulos a ele enviados e, quanto mais é exercitado, melhor e mais rapidamente responde e processa esses estímulos.

Não existe a memória popularmente chamada "fraca", a menos que estejamos diante de uma condição provocada por uma doença. Em uma pessoa saudável, o que existe é a memória treinada e desenvolvida ou aquela que ainda precisa ser trabalhada.

A Memória

A capacidade da mente humana de reter e evocar informações, chamada memória, é constantemente subutilizada e a maioria dos seres humanos passa a vida inteira sem perceber o quão poderosa e magnífica é a capacidade de registrar informações. Muitas são as críticas à memória, raros os elogios.

De maneira geral, pode-se dizer que o homem possui capacidades e qualidades das quais nem suspeita. O desenvolvimento físico é fácil e motivador, uma vez que surte efeito estético. Já o aprimoramento mental se mostra apenas no aumento do desempenho e da prontidão com que o indivíduo chega às soluções, razão pela qual muitas vezes passa despercebido.

A Memorização

Para o desenvolvimento mental, existem vários exercícios e sistemas. Todas as pessoas, independentemente de cultura, escolaridade ou função, devem se desenvolver mentalmente, pois o aprendizado é um ato contínuo. Até hoje, ninguém ouviu dizer que a capacidade da memória foi extrapolada. Alguns fatores, como a falta de concentração, a distração e o desinteresse contribuem para o esquecimento. Existem várias técnicas que têm por objetivo facilitar a retenção (registro) e a evocação (resgate) de informações, tais como: sistema link, método fonético, técnica-padrão, acrônimos, acrósticos, entre outros.

Seja qual for a técnica, serve apenas de auxílio à memória natural. Entende-se por memória natural aquela da qual nos valemos comumente e que varia de pessoa para pessoa, dependendo da forma de utilização. Mas o mais importante é saber que todos podemos desenvolver a capacidade de registro de informações e tornar a nossa memória mais precisa e confiável.

COMO ESTÁ A SUA MEMÓRIA?
Vamos fazer alguns testes?

Nas páginas seguintes, existem vários testes que lhe permitirão fazer uma autoavaliação da sua capacidade de retenção, bem como do seu poder de concentração e observação.

Na realização dos testes, observe atentamente as instruções quanto à forma e o controle do tempo.

Procure um ambiente tranquilo, que favoreça a concentração.

Lembre-se de que a memória se desenvolve através de exercícios e encare os testes como primeiro passo para tal desenvolvimento.

Anote os resultados para que possa compará-los posteriormente.

Memorização

Teste 1:
1. Observe o mosaico a seguir com muita atenção.
   Tempo: 2 minutos.

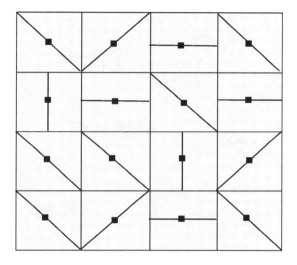

2. Cubra a figura acima e procure reproduzir de memória o que foi observado.
   Tempo: 2 minutos.

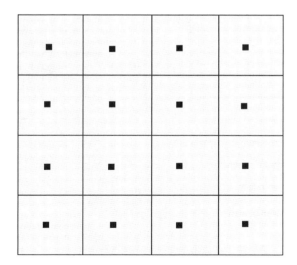

Número de traços coincidentes:_____

Teste 2.

1. Olhe atentamente, durante dois minutos, para as figuras a seguir:

2. Relacione nas lacunas abaixo o nome dos objetos que você observou.

_____   _____
_____   _____
_____   _____
_____   _____
_____   _____
_____   _____
_____   _____
_____   _____
_____   _____
_____   _____

Número de figuras lembradas:_____

Com o teste já realizado, reflita sobre as perguntas abaixo:
1. Qual dos testes ofereceu maior grau de dificuldade?
2. Como você fez para que pudesse se recordar do mosaico e das figuras?

O primeiro exercício apresentou uma figura abstrata, o que o torna mais difícil para a maioria das pessoas. A memória visual é a mais exigida nesse tipo de evocação, porém, quando conseguimos estabelecer bons referenciais, a recordação é facilitada. Confira, a seguir, alguns exemplos de referenciais que facilitam a memorização de figuras abstratas.

Exemplos:

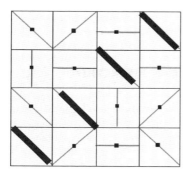

Você percebeu que nesta diagonal todos os traços têm a mesma orientação? Bastava memorizar um único traço para lembrar da diagonal inteira!

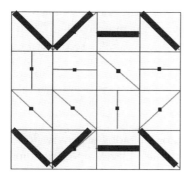

Note que a primeira linha é igual à última. Bastava memorizar uma das duas!

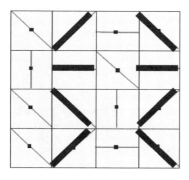

Observe que a segunda coluna é o espelhamento da quarta. Bastava registrar uma das duas e, depois, inverter a outra.

Moral da história: a memorização é privilegiada através do estabelecimento de bons referenciais.

Trabalhando com imagens concretas, como é o caso do teste 2, normalmente são utilizados alguns tipos de artifícios para facilitar a lembrança, mesmo que ainda empiricamente. Exemplo: classificação, onde as figuras são agrupadas por características comuns (animais, meios de transporte, alimentação etc.); ordenação alfabética, onde primeiro memorizam-se as imagens iniciadas pela letra a, em seguida pela letra b e assim por diante; utilização direta da memória visual, em função do posicionamento de cada uma das figuras.

Daqui em diante, a memorização será trabalhada de forma técnica e consciente, para que propicie um registro de informações eficiente e seguro.

PROCESSO DE APRENDIZADO E MEMÓRIA

O aprendizado e a retenção de informações se estabelecem através de um processo onde ocorre a captação, o armazenamento e a posterior busca ou evocação dos dados.

Captação – o processo de captação de informações é realizado pelos cinco sentidos: visão, audição, olfato, tato e paladar, sendo a VISÃO o sentido que mais se destaca em relação à retenção de informações.

Armazenamento – os estímulos captados são transmitidos através de terminações nervosas até o hipocampo, que é uma das bases neurológicas da memória e funciona gerenciando e arquivando as informações.

Busca – a evocação de uma informação ocorre quando, ao receber novamente aquele estímulo, o hipocampo recebe a ordem para procurar tal dado em seu arquivo e liberá-lo.

O REGISTRO DE INFORMAÇÕES

Os sistemas de memória aproveitam a nossa capacidade inata de perceber o que nos cerca por meio dos sentidos. Nem todos os estímulos enviados ao cérebro são transformados em percepções; somente aqueles que se destacam por sua natureza ou por conta do direcionamento da atenção são isolados, interpretados e registrados com eficiência para posterior evocação.

ESTÍMULO	SENSAÇÃO	PERCEPÇÃO
	O estímulo percebido, em função da concentração, da atenção e da observação, transforma uma simples sensação em uma percepção.	

Fatores que estimulam a retenção de informações:

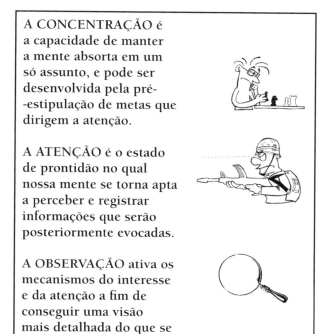

A CONCENTRAÇÃO é a capacidade de manter a mente absorta em um só assunto, e pode ser desenvolvida pela pré-estipulação de metas que dirigem a atenção.

A ATENÇÃO é o estado de prontidão no qual nossa mente se torna apta a perceber e registrar informações que serão posteriormente evocadas.

A OBSERVAÇÃO ativa os mecanismos do interesse e da atenção a fim de conseguir uma visão mais detalhada do que se pretende registrar.

O INTERESSE é a motivação que nos impele a empreender uma ação.

A VONTADE é o principal fator para se alcançar o SUCESSO.

O CÉREBRO E AS IMAGENS

As imagens produzidas em nossa mente são tão eficientes quanto aquelas que efetivamente vemos. Com a ajuda de instrumentos como o PET Scan (Tomógrafo por Emissão de Pósitrons), que permitem "ver" o cérebro em ação, pesquisadores estão fazendo o mapeamento das áreas que são ativadas cada vez que uma pessoa vê ou cria uma determinada imagem.

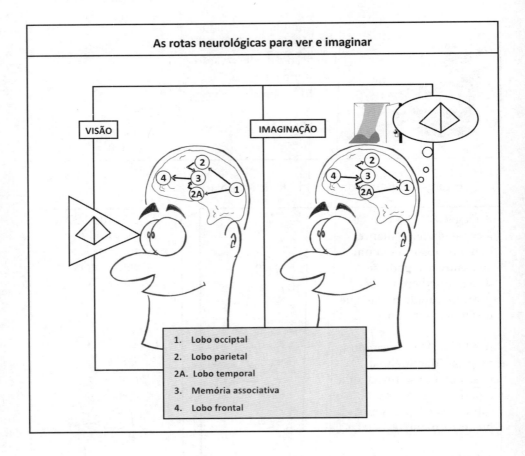

AS IMAGENS MENTAIS

O uso da criatividade e da memória visual através da elaboração de imagens mentais é o meio mais eficiente para o registro de informações.

Eis aqui algumas regras que contribuirão para que a visualização seja memorizada com efetividade:

Desproporção – forme imagens fora da proporção normal. Exalte ou reduza as mesmas, tornando a visualização fora dos padrões normais! Use e abuse da sua criatividade!

Ação – procure sempre imaginar as situações em movimento, criando uma forma dinâmica para o que for visualizado. Acelere ou reduza a velocidade das cenas para torná-las bizarras!

Exagero – aumente a quantidade e a intensidade nas imagens mentais criadas, a fim de torná-las absurdas. Retemos mais facilmente na memória o que é fora do comum ou absurdo.

Substituição – forme a imagem de um item para substituir outro de difícil visualização. Exemplo: a ideia do amor pode ser visualizada através da imagem substituta do coração.

TREINANDO A ASSOCIAÇÃO DE IMAGENS MENTAIS (IM)

Associe visualmente os pares de palavras.

Lembre-se: as imagens mentais criadas devem ser esdrúxulas! O que é fora do comum é mais facilmente memorizado.

Crie imagens mentais desproporcionais, em movimento, de formas exageradas etc. Utilize substituições quando se deparar com itens abstratos.

Memorize os pares de palavras (60 palavras):

> Exemplo de associação de imagens mentais:
> 1 – Banco __ Machado
> Feche os olhos e imagine um banco de praça sendo partido por um machado.

Agora é com você!

1. BANCO___MACHADO
2. LUVA___ANÃO
3. BORRACHA___ESCADA
4. BURRO___ARAME
5. PORTÃO___FLOR
6. CIMENTO___FERRO
7. CREPÚSCULO___TIA
8. ESTÔMAGO___COLA
9. BOLA___FACA
10. ALMOFADA___RATO
11. BALDE___TAPETE
12. REDE___ESTRADA
13. ESTANDARTE___CHÁ
14. CALÇADA___CARTA
15. JANELA___CARTAZ
16. SAPATO___CORTINA
17. SAL___SANDUÍCHE
18. BOLSA___PÓ
19. LÂMPADA___PRÉDIO
20. TEMPESTADE___PRAIA
21. PREGO___VASSOURA
22. EMPURRÃO___CADEIRA
23. IRMÃ___BANDEIRA
24. CANOA___QUEIXO
25. ANÚNCIO___GARRAFA
26. PRATO___FLÂMULA
27. DEDOS___CABELOS
28. SALVA-VIDAS___MONTE
29. COFRE___COFRE
30. POLICIAL___CABEÇA

Ao término da memorização, peça para que alguém diga de forma aleatória uma das palavras dos pares associados e tente evocar o par correspondente.

> Exemplo:
> Se disserem banco, você se recordará da imagem mental do machado que o está partindo.

SISTEMA ELO

O sistema "elo" ou "link" consiste na associação de imagens mentais em que lançaremos mão da memória visual para a construção de uma tela mental, um poderoso recurso para o registro de informações. Os elos devem ser formados através da ligação de um item por vez e, já que é preciso usar um pouco de criatividade para formar imagens em sua mente, procure empregar uma ou mais regras na sua criação, uma vez que a motivação no exercício da recordação contribuirá para o domínio da técnica. O que desejamos memorizar vai depender também de atitudes básicas para um resultado eficiente, quais sejam: concentração, atenção e observação.

O sistema elo é utilizado para memorizar informações apresentadas em sequência. Cotidianamente, são muitas as coisas que precisam ser aprendidas ou lembradas e que obedecem a uma ordem. Um discurso, por exemplo, é uma sequência de pensamentos; uma fórmula é uma sucessão de componentes; um plano de aula, uma série de assuntos a serem abordados.

Uma vez aplicado o sistema, teremos a informação registrada na memória natural, pronta para ser evocada.

Seguem abaixo algumas dicas práticas para facilitar o seu trabalho:

 Exercite diariamente sua criatividade trabalhando na produção de novas ideias.

 Elabore as imagens mentais cuidadosamente para facilitar a evocação.

 Libere a criança que existe em você deixando ideias fluírem livremente.

 Realize as anotações após a memorização para que não interfiram no processo.

 Os erros cometidos no processo de aprendizado servirão de referencial para chegar aos acertos.

 Exercite a curiosidade, pesquise, amplie seus conhecimentos e encontre novas soluções.

CAPÍTULO 5 || MEMORIZAÇÃO APLICADA

 Trabalhe consciente de que a sua imaginação não tem limites. Evite o medo de agir feito bobo.

 O tesouro da sabedoria consiste em ampliar e utilizar os conhecimentos adquiridos.

 Busque novos caminhos sem medo de errar. Lembre-se de que você está em treinamento.

 Visualize as aplicações práticas das técnicas apresentadas relacionando-as ao seu dia a dia.

 Trabalhe com entusiasmo para atingir seus objetivos. Evite a acomodação.

 Você é o principal responsável pelo seu sucesso! Acredite em você e boa sorte!

TREINANDO O SISTEMA ELO

A memorização se baseia em associações de ideias. Recordamos melhor aquilo que associamos. São inúmeros os itens sequenciais que precisamos memorizar em nosso cotidiano. Uma sequência de compromissos, as palavras-chave de um texto, os tópicos de um trabalho a ser apresentado etc.

O sistema elo se baseia no estabelecimento de associações visuais análogas à construção de uma corrente, como pode ser observado a seguir.

Em um primeiro instante, ocorre a associação da imagem mental do primeiro item à imagem mental do segundo item.

Em seguida, associa-se a imagem mental do segundo item à imagem mental do terceiro item e assim sucessivamente.

EXERCÍCIOS

Associe, através do sistema elo, os elementos das listas abaixo:

Exemplo: Iniciando a lista A.

Imagine um grande ventilador girando sobre um tapete.

Visualize o tapete coberto de livros.

Imagine que de dentro de um dos livros decola um avião.

Dê continuidade, associando a imagem do avião ao próximo item e assim sucessivamente.

Agora é com você! Associe todos os itens da lista A, depois passe para as demais listas, de forma independente.

LISTA A	LISTA B	LISTA C
ventilador	Pão de Açúcar	amendoim
tapete	chave	fogo
livro	apartamento	brinco
avião	gravata	bigode
sol	piscina	gravador
pé de moleque	relógio	abacate
carro	ouro	praia
dente	garrafa	biscoito
bengala	dentadura	sapato
câmera fotográfica	estante	telefone
camisa	futebol	margarida
coruja	pedra	vinho
barco	floresta	ônibus
estrada	vestido	caneta
armário	carro	morcego

Utilize o sistema elo para memorizar os seguintes compromissos:

Leia os compromissos utilizando os itens em negrito como base associativa.

Palavras-chave a serem associadas: **carro – DVDs – material escolar – relatórios – estudos – perfume – ovos.**

Uma vez associadas, as palavras-chave acionarão a sua memória natural para que você possa evocar os compromissos.

Ex.: **Iniciando o processo:** imagine um carro com rodas feitas de DVDs. Em seguida, visualize um DVD com uma pilha de materiais escolares sobre o mesmo. Agora, visualize que da pilha de materiais escolares surge um imenso relatório e assim por diante.

Quando você se lembrar do carro posteriormente, sua memória natural indicará que o veículo precisa ser consertado. Como o carro está associado aos DVDs, ficará fácil recordar o compromisso da compra das mídias e assim sucessivamente.

Agora é com você!

– Consertar o **carro**

– Comprar **DVDs** graváveis

– Tomada de preços de **material escolar**

– Elaborar **relatórios**

– Selecionar material para **estudos**

– Visitar um amigo no **hospital**

– Comprar um **perfume** para a esposa

– Comprar uma dúzia de **ovos**

SISTEMA DE ARQUIVAMENTO MENTAL

Sistema fonético

O sistema fonético foi introduzido primeiramente por Stanislauns Mink von Wennsshein por volta de 1648. Em 1730, todo o sistema foi modificado pelo dr. Richard Grey, da Inglaterra. A partir dessa data, foram feitas várias modificações e esse é atualmente considerado o sistema mais sofisticado. Ele permite o acesso às informações registradas, de forma análoga à consulta em gavetas de um arquivo físico. Você poderá consultar os dados arquivados sequencialmente ou escolhendo a gaveta a ser consultada.

Como na construção de um arquivo, primeiro vamos construir a estrutura para encaixar as gavetas.

A base de construção do sistema de arquivamento mental é a assimilação de um alfabeto fonético. O sistema parte de uma convenção que associa consoantes de mesma articulação fonética a certa ordem numérica, como se segue:

ALFABETO FONÉTICO

1 _____	T, D	6 _____	CH, G (brando), j, x
2 _____	N, NH	7 _____	C, G (gutural), Q, K
3 _____	M	8 _____	F, V
4 _____	R, RR	9 _____	P, B
5 _____	L, LH	0 _____	S, SS, Ç, C (brando), Z

Dicas para a memorização do alfabeto fonético:

1 equivale a T e D – Fale UM = **T**u**D**um

2 equivale a N e NH – Visualize a letra *n* manuscrita, com duas pernas.

3 equivale ao *m* manuscrito, com 3 pernas.

4 equivale a R e RR – Fale quatRRRRo, exagerando o erre.

5 equivale a L, LH – L lembra lua. Imagine o número **5** com uma lua minguante encaixada nele.

CAPÍTULO 5 ‖ MEMORIZAÇÃO APLICADA

6 equivale a CH, G (brando), J, X – Como todas as consoantes do mesmo grupo têm a mesma articulação fonética, o G (brando) tem som de J. Ex.: gente, gelo, ginga. Para facilitar a memorização, fale número "xeis", como se fosse a Xuxa.

7 equivale a C, G (gutural), Q, K – O G gutural é o da pronúncia das palavras **G**ATO, **G**UERRA, **G**OSTO. Para facilitar a memorização, falaremos fitas **Kão-7**. O **K** lembra-nos do **Q** e o som do **Kão** lembra-nos do **G**ato.

8 equivale a F e V – Pense no 8 como uma noiva. O que Falta é o Véu!

9 equivale a P ou B – Pense no P como uma pá. Brincando com isso, "pá" cima é P, "pá" baixo é B.

10 equivale a S, SS, Ç, C (brando), Z – Lembre-se das consoantes do zero como o som de um pneu furado esvaziando (sssssss...) e do próprio z do zero.

Treinando a transcrição fonética

Coloque a consoante correspondente ao lado de cada algarismo. Realize a tarefa com rapidez, procurando se lembrar da associação. Caso a princípio não consiga, retorne às dicas, reforçando o elo associativo.

Exemplo: **5** L **2** N **9** P

2__ 5__ 8__ 0__ 1__ 4__ 7__ 3__ 5__ 6__ 1__ 9__ 3__ 8__
7__ 0__ 4__ 1__ 8__ 9__ 0__ 5__ 2__ 9__ 7__ 2__ 6__ 2__
4__ 8__ 2__ 1__ 7__ 9__ 6__ 0__ 8__ 5__ 4__ 7__ 9__ 3__

Agora vamos treinar a transcrição fonética em palavras:

As vogais não têm valor numérico. Exemplo: R̶A̶T̶O̶ ⇒ R=4 e T=1 ⇒ 41

PATO _____	TÁXI _____	FOCA _____
VELA _____	NATA _____	LIXO _____
MENU _____	REMO _____	CHAVE _____
CARRO _____	SAPO _____	PACA _____
URSO _____	BARRO _____	FOTO _____

Treine agora a transcrição fonética em números.

Exemplo: 31 3 = M e 1 = T ou D então podemos convencionar 31 como MaTo / MoTo/ MiTo/ MeTa/ etc.

Dica prática: escolha sempre a transcrição que ofereça a melhor visualização. É mais fácil visualizar uma moto (subst. concreto) que uma meta (subst. abstrato).

98 _____	35 _____	69 _____
13 _____	22 _____	47 _____
54 _____	71 _____	86 _____
75 _____	86 _____	40 _____

Agora vamos montar as gavetas do arquivo.

A construção das gavetas é uma convenção que obedece à lógica da transcrição fonética. Na prática, basta memorizar apenas os primeiros 20 itens da lista. Dificilmente temos mais de 20 compromissos ou tópicos de verificação simultâneos.

LISTA BÁSICA

0- ZOO	20- NOZ	40- ROSA	60- GIZ	80- VASO
1- TEIA	21- NATA	41- RATO	61- CHITA	81- FOTO
2- NOÉ	22- NINHO	42- RENA	62- CHINA	82- FENO
3- MÃO	23- NEMO	43- REMO	63- CHAMA	83- FUMO
4- RÃ	24- NERO	44- ARARA	64- JARRO	84- FERRO
5- LUA	25- NILO	45- ROLO	65- XALE	85- FOLE
6- CHÁ	26- NAJA	46- RIFA	66- CHUCHU	86- FICHA
7- CÃO	27- NUCA	47- RÉGUA	67- CHEQUE	87- FACA
8- VÉU	28- NAVE	48- ROCHA	68- CHAVE	88- VOVÓ
9- PÁ	29- NABO	49- RIPA	69- CHAPA	89- FUBÁ
10- TAÇA	30- MASSA	50- LAÇO	70- CASA	90- PAZ
11- TATU	31- MATO	51- LATA	71- GATO	91- PATO
12- TINA	32- MENU	52- LONA	72- CANO	92- PANO
13- TIME	33- MAMÃO	53- LAMA	73- CAMA	93- PUMA
14- TERRA	34- MAR	54- LIRA	74- CARRO	94- PORÃO
15- TELA	35- MALA	55- LULA	75- GALO	95- BOLA
16- TÁXI	36- MACHO	56- LAJE	76- CAIXA	96- PAJÉ
17- TACO	37- MACA	57- LOUCO	77- COCO	97- BOCA
18- TV	38- MÁFIA	58- LUVA	78- CAFÉ	98- PAVÃO
19- TAPA	39- MAPA	59- LUPA	79- CAPA	99- PAPA
				100-DOCES

00- ZEUS	01- SETA	02- SINO	03- SUMO	04- CERA
05- SELO	06- SACHÊ	07- SACO	08- SOFÁ	09- SOPA

MEMORIZANDO AS GAVETAS DO ARQUIVO

Agora apresentaremos algumas dicas práticas para uma memorização rápida dos 20 itens de utilização prática.

1- **T**eia – Imagine o número **1** preso a uma teia como se fosse um inseto.
2- **N**o**é** – Visualize o personagem bíblico levando os animais, de **2** em **2**, para a arca.
3- **M**ão – Veja uma letra M na palma da mão mostrando **3** dedos.
4- **R**ã – Projete a imagem de uma rã comendo um número **4**.
5- **L**ua – Lembre-se da Lua encaixada no número **5**.
6- **Ch**á – Faça um chá, mergulhando o número **6** em água fervente.
7- **C**ão – Lembre-se da fita Kão-**7**.
8- **V**éu – É o que faltava à noiva, com corpo curvilíneo como um **8**.
9- **P**á – Cave o chão com o número **9**.
10- **TaÇ**a – Levante mentalmente uma **TaÇ**a com o número **10** gravado em alto relevo.
11- **TaT**u – Visualize um TaTu se equilibrando sobre o número **11**.
12- **TiN**a – Ao olhar no fundo de uma tina, veja um número **12**.
13- **TiM**e – Idealize um time onde todos os jogadores vestem a camisa **13**.
14- **TeRR**a – O planeta TeRRa, ao girar, apresenta um continente em forma de número **14**.
15- **TeL**a – Veja um número **15** no centro de uma TeLa de projeção.

Faça uma pequena pausa para que as associações se acomodem em sua memória. Em seguida, acrescente mais cinco itens.

16- **TáX**i – Crie a imagem de um táxi com uma placa de número **16**.
17- **TaC**o – Destrua um número **17** batendo nele com um taco.
18- **TV** – Ao ligar mentalmente a TV, aparece o número **18**.
19- **TaP**a – Imagine um tapa fazendo girar os algarismos **1** e **9**.
20- **NoZ** – Visualize uma noz se abrindo e dela surgindo o número **20**.

LISTA BÁSICA

Agora procure preencher as lacunas das gavetas do arquivo mental. A primeira já está preenchida, para servir de incentivo. Agora é com você!

1- __Teia__
2- _____
3- _____
4- _____
5- _____
6- _____
7- _____
8- _____
9- _____
10- _____

11- _____
12- _____
13- _____
14- _____
15- _____
16- _____
17- _____
18- _____
19- _____
20- _____

APRENDENDO A USAR O ARQUIVO MENTAL

As intruções a seguir irão orientar a memorização dos 20 itens da lista 1.

Faça uma leitura de reconhecimento da lista e em seguida acompanhe a tabela de utilização do arquivo mental.

LISTA 1

Gaveta do arquivo mental	Item da lista a ser memorizado	Construção da associação (imagem mental) **Visualização**
1 – Teia	Caneta	Lance várias canetas em uma teia
2 – Noé	Dentadura	Noé navegando em uma dentadura
3 – Mão	Camelo	A mão que cavalga um camelo
4 – Rã	Música	Obs.: Música é um item abstrato! Substituiremos essa abstração pela imagem concreta de notas musicais saindo da boca de uma rã
5 – Lua	Máquina	A lua com máquinas em suas crateras
6 – Chá	Pente	Mexendo o chá com um pente
7 – Cão	Sapato	Um cão calçado com sapatos

8 – Véu	Cigarro	Um véu ornamentado com cigarros
9 – Pá	Olho	Colocando uma pá no olho
10 – Taça	Tapete	Várias taças empilhadas sobre um tapete
11 – Tatu	Papel	Um tatu vivo embrulhado em uma folha de papel
12 – Tina	Relógio	Uma tina cheia de relógios de vários tipos
13 – Time	Casa	Um time jogando dentro de uma casa
14 – Terra	Tomada	O planeta Terra girando conectado a uma tomada
15 – Tela	Macaco	Uma tela com macacos pendurados
16 – Táxi	Bola	Um táxi cheio de bolas
17 – Taco	Porta	Um taco sendo usado para derrubar uma porta
18 – TV	Fogo	Ao ligar a TV, surge uma língua de fogo
19 – Tapa	Abajur	Dar um tapa para acender um abajur
20 – Noz	Quadro	Ao abrirmos uma noz, encontramos um quadro

Agora vamos trabalhar a evocação. Preencha a segunda coluna com a imagem mental associada à gaveta do arquivo mental. Preencheremos a primeira, como um pequeno incentivo.

Gaveta do arquivo mental	Item evocado (IM)
1 – **Teia***	**Caneta**
2 – Noé	
3 – Mão	
4 – Rã	
5 – Lua	
6 – Chá	
7 – Cão	
8 – Véu	
9 – Pá	
10 – Taça	

Gaveta do arquivo mental	Item evocado (IM)
11 – Tatu	
12 – Tina	
13 – Time	
14 – Terra	
15 – Tela	
16 – Táxi	
17 – Taco	
18 – TV	
19 – Tapa	
20 – Noz	

*Evocação da imagem mental da teia cheia de canetas.

LISTA 2

Gaveta do arquivo mental	Item da lista a ser memorizado	Construção da associação (Imagem mental) **Visualização**
1 – Teia	Camiseta	
2 – Noé	Varanda	
3 – Mão	Cheque	
4 – Rã	Energia*	
5 – Lua	Estante	
6 – Chá	Ônibus	
7 – Cão	Relógio	
8 – Véu	Ouro	
9 – Pá	Bolo	
10 – Taça	Coração	
11 – TaTu	Prancha	
12 – TiNa	Pneu	
13 – TiMe	Borboleta	
14 – TeRRa	Peixe	
15 – TeLa	Amor*	
16 – TáXi	Homem	
17 – TaCo	Verde	
18 – TV	Justiça*	
19 – TaPa	Cama	
20 – NoZ	Gigante	

Obs.: Os itens energia, amor e justiça são abstratos, cabendo aqui a elaboração de imagens substitutas.

Sugestão: energia = raio; amor = coração; justiça = balança.

Agora vamos trabalhar a evocação da Lista 2. Preencha a segunda coluna com a imagem mental associada à gaveta do arquivo mental. Preencheremos a primeira, como um pequeno incentivo.

Gaveta do arquivo mental	Item evocado (IM)
1 – **Teia***	Camiseta
2 – Noé	
3 – Mão	
4 – Rã	
5 – Lua	
6 – Chá	
7 – Cão	
8 – Véu	
9 – Pá	
10 – Taça	

Gaveta do arquivo mental	Item evocado (IM)
11 – Tatu	
12 – Tina	
13 – Time	
14 – Terra	
15 – Tela	
16 – Táxi	
17 – Taco	
18 – TV	
19 – Tapa	
20 – Noz	

Obs.: A memorização da lista 2 não suprime a lista anterior. Com um pouco de treinamento e concentração, você poderá rapidamente estar trabalhando com listas paralelas.

Uma vez compreendido o mecanismo de arquivamento mental de informações, generalize sua aplicação em tarefas cotidianas, como memorizar uma lista de compras ou itens de verificação no ambiente de trabalho.

Desafie-se, descubra-se e surpreenda o mundo com o imenso potencial que reside em você!

MEMORIZAÇÃO DE NOMES E FISIONOMIAS

As pessoas normalmente consideram o próprio nome parte de seu patrimônio pessoal e se sentem valorizadas quando chamadas por ele. Todos sabem o quanto é constrangedor reconhecer a fisionomia de uma pessoa e não se lembrar do seu nome. Pior ainda é quando a outra pessoa o reconhece e o trata pelo nome!

A memorização de nomes e fisionomias, além de evitar esse tipo de constrangimento, facilita a comunicação interpessoal e aprofunda os relacionamentos, melhorando a atuação profissional no que se refere à persuasão, vendas, negociação, mediação de conflitos etc.

Alguns fatores são críticos de sucesso para a memorização de nomes e fisionomias, como vontade, atenção, observação, relevância e técnica utilizada. A seguir, revelaremos cada um desses fatores:

Vontade

A melhor técnica não funcionará se você verdadeiramente não quiser guardar o nome de uma pessoa! Mobilize-se para estabelecer o real desejo de memorizar o nome das pessoas com quem se relaciona ou poderá vir a se relacionar. Essa decisão já ativa os mecanismos da atenção.

Atenção e observação

Uma vez que você esteja determinado a memorizar o nome da pessoa apresentada, dirija a sua atenção inicialmente à fisionomia, observando o que é mais marcante em seu semblante e assegure-se de que realmente ouviu e compreendeu o seu nome.

Relevância

Estabeleça a relevância de saber o nome da pessoa apresentada, como saber o nome de um porteiro para ter uma melhor condição de acesso a um determinado local ou saber o nome de um gerente de banco diante da necessidade de fazer negociações futuras. Estabelecendo conscientemente o grau de relevância, garantimos prioridades em nossa mente, onde aumentamos ou reduzimos o nosso grau de interesse na memorização do nome de determinada pessoa. Não seria prático memorizar o nome de todas as pessoas indiscriminadamente.

Técnica

Conhecendo os fatores críticos de sucesso e partindo do princípio fundamental de que a memorização de informações baseia-se em associações de ideias, vamos conhecer, passo a passo, a técnica de memorização de nomes e fisionomias:

Concentre-se! Dê total atenção ao momento da apresentação. Evite distrações.

Se tiver alguém mediando a apresentação, **ouça atentamente** o nome da pessoa apresentada e **repita o nome** mentalmente – e, se possível, vocalmente:

"Muito prazer em conhecê-lo, **sr. Roberto**."

A memorização de nomes e fisionomias é deliberada e existirão situações que irão permitir que você controle as condições das apresentações. Nessas situações, utilize o princípio da reciprocidade. Para saber o nome de uma pessoa, antecipe-se dizendo o seu. Por reciprocidade, a outra pessoa sente-se "obrigada" a dizer o seu nome também.

"Muito prazer em conhecê-la, **meu nome é Ricardo**."

Se quiser que a outra pessoa saiba o seu nome, tome a iniciativa e pergunte qual é o nome dela. Por reciprocidade, a outra pessoa sente-se "obrigada" a perguntar qual é o seu.

"Muito prazer em conhecê-la, **qual é o seu nome?**"

Observe bem o rosto da pessoa assim como detalhes de comportamento, gesticulação, vestuário etc. Dificilmente esquecemos uma fisionomia! A memória visual naturalmente se destaca numa situação de reconhecimento de uma pessoa, porém, através da observação objetiva podemos aguçar a nossa percepção. Ex.: nariz afilado, olhos amendoados, cabeça redonda, orelhas grandes, lábios finos etc.

Mentalmente, crie associações criativas entre detalhes fisionômicos e o nome ou sua substituição. Lembre-se! Associações absurdas, divertidas e até ridículas são mais facilmente memorizadas e mais facilmente evocadas. E, por motivos óbvios, jamais revele suas associações!

Exemplos:

Nome: **Pedro**

Característica marcante: tem a **cabeça arredondada**.

Associação criativa: visualizar sua cabeça como uma **pedra**.

Nome: **Beatriz**

Característica marcante: tem o queixo quadrado.

Associação criativa: visualizar **cicatriz** em seu queixo.

Nome: **Marcelo**

Característica marcante: tem o nariz proeminente.

Associação criativa: visualizar sua nariz como um **martelo**.

Nome: **Ângela**

Característica marcante: tem orelhas pequenas.

Associação criativa: visualizar **asas de um anjo** no lugar de suas orelhas (angelical).

Interesse-se pela pessoa genuinamente e aprenda o máximo de coisas que puder a seu respeito. Aproveite a oportunidade e elabore novas e diferentes associações que possibilitarão fazer um registro seguro para posterior evocação.

Caso o nome da pessoa ou sua fisionomia o remeta a alguém conhecido, aproveite a oportunidade e associe a sua imagem à pessoa conhecida! Ex.: Fui apresentado a um engenheiro que se chama Ronaldo (o mesmo nome de meu irmão). Para lembrar de seu nome, criei uma imagem mental do meu irmão de braços dados com o engenheiro Ronaldo.

Lembre-se! É você que está no controle das suas associações mentais!

CAPÍTULO 5 || MEMORIZAÇÃO APLICADA

Exercícios:

Examine cada rosto apresentado associando ao respectivo nome. Tempo: 1 minuto por associação rosto × fisionomia.

Ao término, verifique se consegue se lembrar das associações reconhecendo os rostos apresentados na página seguinte.

Agora procure lembrar-se dos nomes memorizados:

Resultado: Lembrei-me de _____ associações de nomes e fisionomias.

Faça uma pausa de 20 minutos. Aborde outros assuntos e atividades e só então retorne ao quadro anterior, verificando se consegue identificar todos os rostos apresentados.

Faça uma nova verificação no dia seguinte. Se as suas associações tiverem sido bem elaboradas, usando os elementos de fixação (ação, exagero, desproporção, substituição e absurdo), certamente você conseguirá evocá-las.

Lembre-se: é preciso ter força de vontade e perseverança para desenvolver uma habilidade até que a prática constante resulte em respostas rápidas, automáticas e instintivas. Em contrapartida, o nosso nível de habilidade declina quando a mesma não é utilizada, podendo até extinguir-se, negligenciada.

Pós-teste

Caro leitor,

Certamente a visão que você possui sobre o processo de leitura foi modificada pela assimilação de novos conhecimentos e pela utilização de técnicas de leitura dinâmica.

Agora, com base no aprendizado de leitura dinâmica, assinale V para verdadeiro ou F para falso:

1. (   ) Leitura dinâmica é igual à leitura rápida.
2. (   ) Quanto mais lentamente leio, mais compreendo.
3. (   ) Quando leio e não compreendo, o melhor a fazer é ler de novo.
4. (   ) A solução para a desconcentração é a escolha de um ambiente adequado para a leitura.
5. (   ) Ler dinamicamente significa ler rápido, compreender e reter as informações.
6. (   ) Para ler dinamicamente, terei de abrir mão dos detalhes.
7. (   ) A leitura dinâmica pode ser aplicada a romances.
8. (   ) A velocidade de leitura ajuda na concentração.
9. (   ) Grifar durante a leitura me ajuda a destacar as partes mais importantes.
10. (   ) Encontrando uma palavra desconhecida, devo imediatamente consultar o dicionário.
11. (   ) Lendo em voz alta, aumento o meu rendimento na leitura.
12. (   ) Dinamicamente pode-se ler, compreender e reter as informações em uma única operação.
13. (   ) Para interpretar melhor, devemos, primeiro, ler integralmente o texto e, depois, responder às perguntas.
14. (   ) Fazer anotações de partes do texto durante a leitura facilita o entendimento.
15. (   ) Os resultados do estudo com o fichamento não compensam o trabalho e o tempo dispensados para a elaboração das fichas.
16. (   ) A ideia principal do texto sempre vem no primeiro parágrafo.
17. (   ) Estudar com música dificulta a concentração.
18. (   ) Para consolidar a melhoria do meu desempenho, devo refazer os exercícios.
19. (   ) Para poder treinar leitura dinâmica, devo ter sempre um livro à disposição.
20. (   ) O principal responsável pelo meu sucesso sou eu mesmo.

PÓS-TESTE

Gabarito comentado
do pré-teste e do pós-teste

De acordo com os seus conhecimentos, assinale V para verdadeiro ou F para falso:

1. (F) Leitura dinâmica é igual a leitura rápida.
   Não. Leitura dinâmica é igual à leitura efetiva.

2. (F) Quanto mais lentamente leio, mais compreendo.
   O ajuste do ritmo ao tipo de leitura é o que determina uma melhor compreensão.

3. (F) Quando leio e não compreendo, o melhor a fazer é ler de novo.
   Se o leitor simplesmente lê de novo, pode estar reincidindo em um erro e relendo com o mesmo problema.

4. (F) A solução para a desconcentração é a escolha de um ambiente adequado para a leitura.
   A desconcentração pode ocorrer em um ambiente ótimo se o leitor estiver preocupado, por exemplo.

5. (V) Ler dinamicamente significa ler rápido, compreender e reter as informações.
   Sim, leitura dinâmica = leitura efetiva.

6. (F) Para ler dinamicamente, terei de abrir mão dos detalhes.
   O leitor dinâmico, por meio das técnicas, acaba sendo mais detalhista do que o leitor tradicional.

7. (V) A leitura dinâmica pode ser aplicada a romances.
   Sim, o ritmo pode ser ajustado a qualquer tipo de leitura.

8. (V) A velocidade de leitura ajuda na concentração.
   Sim, a velocidade ajustada ao tipo de texto faz com que o leitor deixe de perceber o que ocorre a sua volta.

9. (F) Grifar durante a leitura me ajuda a destacar as partes mais importantes.
   Grifar sim; durante a leitura, não. Evite o parcelamento da linha de raciocínio. Somente após o entendimento e identificação das ideias principais é que se deve grifar o texto.

10. (F) Encontrando uma palavra desconhecida, devo imediatamente consultar o dicionário.
    Imediatamente não; evite a perda de tempo e as interrupções. Se após a leitura persistir a dúvida, consulte o dicionário.

11. (F) Lendo em voz alta, aumento o meu rendimento na leitura.
    Ler em voz alta reduz a velocidade e não garante entendimento.

12. (F) Dinamicamente pode-se ler, compreender e reter as informações em uma única operação.
    Ler, compreender e reter são três operações diferentes no processo de leitura.

13. (F) Para interpretar melhor, devemos, primeiro, ler integralmente o texto e, depois, responder às perguntas.
    Primeiro, devemos pré-ler o texto e as perguntas, caso existam; em seguida, ler o texto e interpretar.

14. (F) Fazer anotações de partes do texto durante a leitura facilita o entendimento.
    Durante a leitura, não. Se o texto ainda não foi lido, como podemos ter certeza de que devemos anotar determinadas partes?

15. (F) Os resultados do estudo com o fichamento não compensam o trabalho e o tempo dispensados para a elaboração das fichas.
    Com técnica, a elaboração das fichas torna-se rápida e objetiva.

16. (F) A ideia principal do texto sempre vem no primeiro parágrafo.
    Devemos pré-ler o texto para identificar a ideia principal, podendo estar ou não no primeiro parágrafo.

17. (F) Estudar com música dificulta a concentração.
    Sob determinadas condições até ajuda.

18. (F) Para consolidar a melhoria do meu desempenho, devo refazer os exercícios.
    A melhor forma de consolidar o aumento do seu desempenho é usando o que foi aprendido no seu dia a dia.

19. (F) Para poder treinar a leitura dinâmica, devo ter sempre um livro à disposição.
    A leitura dinâmica pode ser praticada em jornais, revistas, informativos etc.

20. (V) O principal responsável pelo meu sucesso sou eu mesmo.
    Sim, você deve ser seu primeiro aliado. Além de você mesmo, outros aliados podem ser benéficos se houver disposição para trabalhar com eles: seus familiares, amigos, professores etc.

> "É muito melhor arriscar coisas grandiosas alcançando triunfo e glória, mesmo expondo-se à derrota, do que formar fila com os pobres de espírito que nem gozam muito, nem sofrem muito, porque vivem nessa penumbra cinzenta que não conhece vitória nem derrota."
>
> Franklin Roosevelt

CONCLUSÃO

Temos certeza de que, após a realização do pós-teste (que é igual ao pré-teste), você percebeu que este livro trouxe uma série de informações, dicas e técnicas, além de alguns exercícios e textos interessantes.

Queremos crer que este material tenha sido útil para você. E temos certeza de que, se você quiser treinar e prosseguir em sua caminhada em busca do conhecimento, certamente terá muito sucesso.

Ao alcançar seus objetivos e ao descobrir que o verdadeiro sucesso é viver em paz e buscar, dia após dia, a felicidade, sem pressa ou medos, nós, os autores, estaremos também mais felizes – por sua causa.

Considerando que você é uma pessoa em processo de crescimento, procure usar suas habilidades, antigas e novas, para ajudar o próximo. Todo bem que você fizer será útil para você mesmo, para o próximo e para o planeta.

Assim,

- **Acredite em seu potencial.**
- **Trabalhe com entusiasmo.**
- **Persiga seus objetivos.**
- **Tenha calma, humildade e determinação.**
- **Alegre-se por estar vivo e curta o sucesso!!!**

Coletânea de textos

aro leitor,

Acreditamos que, ao final do livro, se dá o início da aplicação plena das técnicas de leitura dinâmica. Como contribuição para o seu contínuo aperfeiçoamento, deixamos uma série de textos com o número correspondente de palavras para que você possa, a qualquer momento, saber como está o seu ritmo.

PÓS-TESTE

> **Um meio simples de causar uma primeira impressão boa**
> *Dale Carnegie*

Tomei parte, recentemente, em um jantar em Nova York. Um dos convidados, uma senhora que havia herdado certa quantia, estava ansiosa para causar uma impressão agradável a todos. Gastara uma pequena fortuna em peles, diamantes e pérolas. Mas nada fez em favor do seu rosto. Irradiava aspereza e egoísmo. Não compreendeu o que todos os homens sabem: que a expressão apresentada por uma mulher na sua fisionomia é muito mais importante do que os vestidos que usa. (A propósito: eis uma coisa boa a ser lembrada quando a esposa quiser comprar capote de peles.) Charles Schwab disse-me que seu sorriso valia um milhão de dólares. E, certamente, estava declarando a verdade. Para a personalidade de Schwab, seu encanto, sua habilidade para fazer com que as outras pessoas gostem dele são quase inteiramente responsáveis pelo seu extraordinário êxito na vida; e um dos fatores mais atraentes da sua personalidade é o seu cativante sorriso.

Número de palavras: 153   Marque agora o seu tempo!   Min.____ seg.____

QUADRO DE DESEMPENHO	TESTE DE VELOCIDADE	RESULTADO
Velocidade Ppm	(153 : tempo em minutos)	

> **Está provado: leitura melhora a redação**
> *Yeda S. Santos*

Desde que a Fundação para o Vestibular exigiu dos candidatos a leitura de uma série de obras de bons autores brasileiros e portugueses, as provas de redação ganharam qualidade. Mesmo assim, ainda aparece muito texto sem pé nem cabeça.

Depois que a Fuvest passou a exigir a leitura de obras clássicas – dez por ano – de autores brasileiros e portugueses, a qualidade da redação dos exames de seleção melhorou. É o que demonstram levantamentos feitos nos anos de 1982, 1983 e 1991. "O rendimento não só da redação mas de toda a prova de português melhorou", afirma o professor Atílio Vanin, vice-diretor da Fuvest, sem arriscar uma porcentagem. Segundo ele, aparentemente o número de alunos que leem vem aumentando. "Os cinco primeiros anos da Fuvest – de 1977 a 1982 – foram os piores, pois os candidatos usavam muitos lugares-comuns e chavões nas redações." Para Vanin, os professores do Ensino Fundamental (1ª à 8ª série) e Médio (2º grau) devem começar a preparar seus alunos para o exame de ingresso na universidade.

A proposta de indicar títulos para leitura partiu do professor de Grego da Faculdade de Filosofia, Letras e Ciências Humanas (FFLCH) Henrique Murachco, visando melhorar o desempenho na prova de redação. Ele cita o grego Gorgias, mestre da retórica, para dar suporte à sua iniciativa: "Dê-me um jovem e, pelo *logos*, eu farei dele o melhor aonde quer que vá."

(*Logos* é o mesmo que palavra escrita, articulada.)

A primeira lista de autores não vivos foi indicada em 1989, para ser aplicada em 1990. A situação alterou-se em 1993, quando o Conselho de Graduação da USP introduziu autores vivos, como José Saramago e Rubem Fonseca. A Fuvest escolheria um Paulo Coelho? "Não, pela irrelevância do tema de que tratam suas obras", responde Vanin. O aluno fica conhecendo os autores indicados para leitura na hora da inscrição, por meio do Manual do Candidato, e o professor Vanin avisa: "Sem Machado de Assis, Eça de Queiroz e Carlos Drummond de Andrade, não tem exame, pois esses são obrigatórios."

Embora o volume de incongruências encontrado nas provas tenha diminuído, "a redação não pode ter muito peso no vestibular (vale a metade da prova de português), pela subjetividade que envolve a correção, que tem critérios próprios. O examinador verifica a adequação ao tema, correção gramatical, coerência e coesão, isto é, o texto precisa ter começo, meio e fim", analisa o vice-diretor da Fuvest.

Depois de instituída a obrigatoriedade da leitura de determinadas obras, ficou mais fácil encontrar redações como a do "treineiro" que diz: "[...] Imagine se eu fosse um candidato real que, numa série de dias de prova, coloca em jogo toda a sua vida profissional. Acho que esse método de ingresso na faculdade é um tanto injusto para um candidato que passou a vida inteira estudando, é ótimo aluno e, no dia da prova, tem um branco, fica nervoso, e aí se perde de uma vez, porque sabe que a partir do resultado da prova vai ter o orgulho de cursar uma boa faculdade ou a humilhação de ser reprovado..."[27]

Número de palavras: 507   Marque agora o seu tempo!   Min.____ seg.____

QUADRO DE DESEMPENHO	TESTE DE VELOCIDADE	RESULTADO
Velocidade Ppm	(507 : tempo em minutos)	

---

[27] Ver <http://pages.whowhere~com/news/dannyperdig~jusp.html>, em 21/1/1999.

> **Cursos preparatórios:
> ensino alternativo?**
> *William Douglas e Sylvio Motta*

Há alguns anos, tivemos a implantação de exame do MEC a respeito da qualidade do ensino superior, que veio a ser apelidado de "Provão do MEC". Esse exame, limitado praticamente a provas realizadas pelos formandos, ainda que sujeito a consideráveis críticas, tem mostrado deficiências no ensino. Nesse ponto, é possível confirmar o que os concursos já vinham indicando: o ensino está com qualidade abaixo da esperada e necessária.

Com o advento da Constituição de 1988, ocorreu uma valorização econômica e ética do concurso público como forma de ingresso na administração pública.

De um lado, a seriedade da esmagadora maioria dos editais de seleção tem pugnado por um processo acordante com os pressupostos da moralidade e da legalidade que, por definição, devem nortear os atos estatais.

Por outro lado, a crise econômica, aliada a uma crescente taxa de desemprego estrutural, vem despejando no mercado várias espécies de desempregados. Existem os jovens recém-saídos dos bancos universitários, ávidos por um lugar ao sol. Engrossam essas fileiras os profissionais liberais de todas as áreas, as verdadeiras vítimas da falta de regulamentação dos processos de automação, permitindo-se uma indiscriminada substituição da mão de obra humana por autômatos e/ou mecanismos automatizados. Isso, para não citar aqueles que são colhidos por um preconceito relativo à idade, como se um indivíduo de cinquenta e cinco anos não tivesse mais nada a oferecer ao mundo empresarial.

Consequência imediata desse quadro foi a proliferação dos cursos preparatórios para concursos públicos nos últimos anos, sobretudo nos grandes centros urbanos.

O debate sobre a função social e econômica dessas empresas prestadoras de serviço encontra argumentos favoráveis e também inúmeras críticas por parte da comunidade acadêmica, sobretudo no que refere aos seus segmentos mais ortodoxos. Se existem aqueles que exaltam a relevância do adestramento ministrado pelos cursos livres, outros há que entendem tratar-se de verdadeira ameaça ao academicismo tradicional.

O agravamento da situação é patente, sobretudo depois da instituição da avaliação exigida pelo Ministério da Educação e Cultura, que, por enquanto, atinge alguns cursos universitários, mas, ao que tudo indica, em breve se estenderá a todos os cursos de terceiro grau. Note-se que as próprias instituições de ensino superior, numa espécie de mea-culpa, têm criado cursos preparatórios que, embora abertos ao público externo, são verdadeiros disfarces para melhorar o desempenho do corpo discente no denominado Provão do MEC. Prova disso é que, não raro, os alunos da instituição gozam de incentivos financeiros, materializados em generosas reduções da mensalidade, para cursarem as "aulas de aperfeiçoamento acadêmico", ou seja lá o eufemismo que se emprega para designar a falência pedagógica da instituição.

Aliás, o "provão" agora também voltará suas lentes para os cursos de Ensino Médio. Resta saber se os critérios serão justos e levarão em conta as diversidades regionais e, principalmente, socioeconômicas. Sem isso, o que resta é um alerta sobre as desigualdades, sendo que sua maior utilidade apenas se dará se for hábil em combater as falhas identificadas.

A situação é ainda mais grave nas faculdades de direito, onde o exame de habilitação exigido pela Ordem dos Advogados do Brasil pode funcionar como mais um elemento complicador, a fim de macular o nome e a tradição da instituição que não consegue que seus bacharéis obtenham um índice razoável de aprovação.

Com justa razão, apresentado esse quadro, a comunidade acadêmica tem se sentido desprestigiada e vilipendiada em seus brios honradamente conquistados, voltando suas armas contra os cursos preparatórios, como metralhadoras giratórias disparando, a esmo, críticas contundentes e mordazes.

Some-se a essa já tumultuada situação o fato de que a maioria dos professores do curso de formação universitária simplesmente não se adaptam ao sistema de ensino exigido nesses cursos de adestramento. É mesmo muito comum a triste cena na qual professores acadêmicos renomados são rechaçados por uma turma farta de academicismo e sequiosa de soluções práticas para sua ambição profissional. Inegável que a dinâmica pedagógica a ser aplicada nas duas situações é por demais diversa. Nos cursos preparatórios, os profissionais têm contra si variantes desconhecidas pelas academias de direito. A começar pela premência de tempo disponível para condensar e fixar na mente do candidato o conteúdo programático exigido pela banca examinadora. E, para isso, usam de uma criatividade que, aos olhos de alguns acadêmicos, é tida como verdadeira heresia ao culto do direito tradicional. Além desse problema, existem turmas extremamente heterogêneas, em grau jamais visto nas academias tradicionais. Há alunos de todas as idades, origens e de funções diversas, desde uns que nada sabem até aqueles que apenas por acidente ainda não foram aprovados em algum concurso. Atender a essa diversidade humana em curto prazo é desafio raramente reprisado nas salas comuns, até porque nos cursinhos o nível de estresse é muito maior.

Todavia, convém observar que os ditos cursos livres não pretendem, nem poderiam aspirar a tal absurdo, substituir as tradicionais academias de direito. Os profissionais que atuam nesse expansivo segmento do mercado educacional não têm a pretensão de menosprezar os antigos (e eternos!) mestres. A existência desses mecanismos de aperfeiçoamento se deve à própria indolência e indisciplina pedagógica de boa parte do alunado. Em verdade, os dois lados são aliados. Inegável que uma boa formação universitária favorecerá sobremaneira o futuro aspirante ao cargo público.

Também igualmente inquestionável é o fato de que o comportamento didático do professor é por demais diferente nas duas situações. E é aí que reside o cerne da questão. Na turma tradicional, o mestre pode se dar ao desfrute de divagar sobre as diversas correntes do pensamento jurídico sobre o tema da aula, pode até discordar das posições doutrinárias e jurisprudenciais consolidadas. É até saudável que o faça. Quanto maior o número de informações recebidas pelo acadêmico, melhor será sua formação jurídica, já o dissemos. A aula tradicional é, sem dúvida, um afago no ego do mestre, que, não satisfeito, pode até exigir que seus alunos repitam nas avaliações periódicas obrigatórias os seus posicionamentos, às vezes até extravagantes.

Contudo, nada disso é permitido ao profissional que pretende se preparar para concurso. Daí a incompatibilidade das técnicas pedagógicas. O menosprezado "professor de cursinho" deve resignar-se com a função de "papagaio de pirata", lecionando não as suas posições pessoais, mas, antes, aquilo que a banca examinadora tem como verdade. Parece simples, mas não é. Principalmente quando a prepotência acadêmica encontra-se de tal forma enraizada, num processo simbiótico tão intenso, onde mudar de opinião equivaleria à "morte acadêmica". A continuar assim, melhor será darmos as costas para a academia e nos voltarmos para o concurso público.

Imaginamos, com esperança, o dia em que os cursos tradicionais ensinem com liberdade tanto quanto com visão voltada para a vida prática com eficiência; com rigor científico, mas com atividade para o cotidiano profissional. Imaginamos também o dia em que os cursinhos perderão a utilidade diante de um outro ensino que – embora tradicional – não peque por um tradicionalismo estéril nem por um ensino improdutivo e ultrapassado. Quando será que os alunos sairão das academias aptos para as provas, em especial, as que são expressões do dia a dia aplicadas pela escola da vida?

Mas esperamos também que, quando do ocaso dos cursinhos, restem deles a eficiência, o contato com a realidade, a visão de resultados, a remuneração um pouco mais digna para os professores, a seleção dos mestres mais por sua efetiva competência didática e menos por títulos e relacionamentos, que nem sempre são provas de capacidade de ensinar.

Ensinar. Eis o desafio milenar da raça humana. Onde for, como for, para quem for, mas ensinar. Para a vida, para o crescimento, para abrir portas, alçar voos, criar oportunidades, despertar talentos. Esse é o desafio, que permanece vivo nas academias, sejam tradicionais, sejam alternativas.

Número de palavras: 1.268   Marque agora o seu tempo!   Min.____ seg.____

QUADRO DE DESEMPENHO	TESTE DE VELOCIDADE	RESULTADO
Velocidade Ppm	(1.268 : tempo em minutos)	

OTIMIZAÇÃO DO ESTUDO
William Douglas

As condições de um mercado de trabalho cada vez mais restrito têm indicado os concursos públicos como uma das melhores opções para a rápida obtenção de estabilidade, *status* e boa remuneração. O perfil dos acadêmicos, especialmente das faculdades de direito, tem se modificado, e a intenção de realizar concursos é a marca predominante no alunado, opção que também é manifestada entre profissionais liberais e empregados do setor privado.

Em consequência desse fenômeno, os cursos preparatórios e as listas de inscritos em concursos estão cada dia mais abarrotados. Não obstante, os índices de aprovação continuam em patamares incrivelmente baixos, até mesmo em exames de proficiência profissional, como é o Exame da Ordem. Os chefes de instituições reclamam incessantemente que não conseguem preencher as vagas por falta de candidatos habilitados em suficiente número. Assim, paradoxalmente, aumenta o número de candidatos e diminui ainda mais o de aprovados. Por mais que se esforcem, faculdades e cursos preparatórios têm obtido pouco êxito. Mas qual a razão dessa carnificina ou, quando menos, como inverter esse lamentável quadro?

O desempenho dos candidatos nos concursos públicos serve como inquestionável demonstração da baixa qualidade do ensino no país. Causas e soluções para tais deficiências vêm sendo temas de debate entre os profissionais da área e professores desde longa data, indicando a necessidade de alguma mudança radical. Os remédios até agora utilizados não têm se mostrado eficazes contra o mal diagnosticado.

Raciocínio ou repetição

Temos para nós que uma das principais falhas do sistema está na forma de ensino e focarei aqui no direito, o que melhor dominamos, voltado quase que exclusivamente para a estéril análise de leis e códigos, sem sequer haver preocupação com a formação da capacidade de raciocínio jurídico e de espírito crítico nos alunos. O acadêmico, em vez de aprender a interpretar as leis, decora a interpretação da norma vigente. Quando uma lei é revogada, o acadêmico é incapaz de interpretar a norma que a substitui. Isso ainda fica mais patente hoje, quando o país passou a ter o sistema jurídico de maior mutabilidade de que se tem notícia.

Por muito tempo e ainda em muitos lugares, todo o sistema de ensino nada mais é do que meter um monte de informações na cabeça de alguém e exigir que se repita uma porcentagem disso na hora da prova. O ensino terminou sendo atividade de **informar**, não de **formar** pessoas. Educar deixou de ser paixão, alegria, força, intensidade, curiosidade e crescimento para ser mera atividade de repetição, estéril e sem graça. Fazem dos alunos roscas, parafusos e roldanas, como peças nas fábricas da era da industrialização. Felizmente, aos poucos vai se redescobrindo o estudo como algo agradável, criativo, inovador. Apenas assim formam-se pessoas preparando-as para a vida real, para o século XXI, para uma vida realmente produtiva.

O subaproveitamento do cérebro

Mais grave do que a insana opção pelo automatismo intelectual, temos como causa principal do sofrível desempenho dos nossos alunos o fato de não saberem aproveitar o seu estupendo potencial intelectual. Nossos alunos, com poucas exceções, não sabem ler com eficiência, não sabem estudar, não possuem suficiente capacidade de expressão escrita e verbal, em suma, subaproveitam sua quase ilimitada capacidade cognitiva.

A verdade é que alguns professores e a maioria absoluta dos alunos não dá importância a assuntos basilares, tais como as técnicas de aprendizagem e o funcionamento do cérebro, da memória, da inteligência etc. Em geral, os alunos desprezam pontos da matéria, como a introdução, os princípios e os conceitos fundamentais, pois querem "ir direto para o assunto", não querendo "perder tempo" com essas partes, que para eles são de menor importância. Eles estão viciados em não pensar, a se satisfazer com um produto final e acabado, sem que possam ou saibam julgá-lo.

Esse comportamento repete a prática mais que comezinha de as pessoas não lerem os manuais de instrução dos eletrodomésticos que adquirem. Apesar de lá uma vez ou outra alguém fundir um aparelho, via de regra consegue-se usar um liquidificador ou smartphone sem a leitura do manual. Nesses casos, o subaproveitamento da máquina, que decorre da falta de conhecimento de seu *modus operandi*, permanece em limites toleráveis. Todavia, quanto mais complexo o equipamento, maior a necessidade de, mesmo com algum trabalho, estudar o manual, de ver como a máquina funciona, sua potencialidade, suas funções etc. Se isso não ocorrer, o subaproveitamento será considerável. Como o cérebro é muito mais sofisticado que o mais avançado dos computadores, é preciso "ler o manual", sob pena de estarmos condenados a subaproveitá-lo. Os índices de aprovação dos bacharéis em concursos públicos mostram que o uso do cérebro e da inteligência sem a "leitura do manual" está sendo insuficiente.

Quantidade × Qualidade do estudo

Outro ponto a ser considerado é que, como tudo na vida, importa mais a qualidade do que a quantidade. Há quem estude 12 horas por dia e seu resultado prático seja inferior ao de outro que estuda apenas uma hora por dia. Por quê? Por causa de inúmeros fatores, como a concentração, a metodologia e o ambiente de estudo. Mesmo assim, os estudantes e candidatos preocupam-se apenas com "quantas horas" ele ou o colega estuda por dia, e quase não se vê a preocupação com o "como" se estuda.

Otimização de estudo

Como um dos caminhos para solucionar o fraco desempenho de nossos alunos, entendemos que deva ser dada atenção ao processo de **aprendizagem da aprendizagem**, aquilo que chamamos de **Otimização de Estudo**. Otimização, como já diz o Aurélio, *é o processo pelo qual se determina o valor ótimo de uma grandeza, é o ato ou efeito de otimizar.* Assim, é tornar algo ótimo, é buscar o que é excelente, o melhor possível, *o grau, quantidade ou estado que se considera o mais favorável, em relação a um determinado critério.* Por meio da otimização, é possível estudar uma mesma quantidade de horas obtendo-se um considerável ganho em agregação de novos conhecimentos, decorrente do acréscimo de qualidade. Em suma, o aperfeiçoamento da capacidade de aprendizagem resulta em maior produtividade, exatamente o que tem faltado aos nossos alunos e candidatos.

Acréscimo de inteligência e desempenho

Somos educados a pensar que a inteligência e a beleza são dádivas da vida, as quais já recebemos prontas e acabadas, estando condenados a passar o resto da vida com a quantidade de uma ou de outra que foi por nós recebida. É óbvio que aquele que do destino já recebeu beleza e/ou inteligência prontas é um afortunado, com muito mais facilidade e conforto. Para quem não nasceu genial ou lindo, porém, resta apenas a resignação?

As academias, clínicas de beleza e os cirurgiões plásticos já há tempos vêm provando que a beleza pode ser obtida com esforço pessoal e tecnologia. No que tange à inteligência, aos poucos vai se firmando não só o seu melhor conceito, mas também, e felizmente, o fato de que ela pode ser aperfeiçoada. É óbvio que o gênio e o espírito criativo nascem prontos, contudo, eles podem se aperfeiçoar. As pessoas que não tiveram tal sina podem aprender técnicas que otimizem suas capacidades, muitas delas aprendidas da observação dos gênios.

O fato é que é possível aprender a ser mais inteligente, bem como a desenvolver espécies diferentes de inteligência. Os melhores conceitos de inteligência são aqueles que a indicam como a capacidade de se adaptar a novas situações e como capacidade de buscar a felicidade. Isto pode ser aprendido. Como já disse Charles Chaplin, precisamos mais de humanidade do que de inteligência. A inteligência necessária para a felicidade está à disposição de todos. Além do mais, não existem pessoas burras, existem pessoas que ainda não tiveram a possibilidade de se educarem e de crescerem intelectualmente. Isto, aliás, é tarefa moral da sociedade, do Estado e dos que já angariaram um certo grau de inteligência.

Entendemos, assim, ser necessário um esforço no sentido de desenvolver as inteligências, a capacidade de aprendizagem e o inesgotável potencial do cérebro humano. Se isto não for feito, nossos alunos continuarão condenados a níveis insatisfatórios de desempenho. Lidamos hoje com grande quantidade de esforço desperdiçado, baixa produtividade no processo de ensino-aprendizagem e frustração inteiramente desnecessárias. Antes de ensinar ao aluno a matéria em si ("o inimigo"), devemos ensiná-lo a conhecer a si próprio e a dominar sua espetacular capacidade de crescimento humano e cognitivo. Isso foi dito já há 2.500 anos por Sun Tzu, excepcional general chinês, na obra *A arte da guerra*: "Se conhecemos o inimigo e a nós mesmos, não precisamos temer o resultado de uma centena de combates. Se nos conhecemos, mas não ao inimigo, para cada vitória sofreremos uma derrota. Se não nos conhecemos nem ao inimigo, sucumbiremos em todas as batalhas."

Número de palavras: 1.437   Marque agora o seu tempo!   Min.____ seg.____

QUADRO DE DESEMPENHO	TESTE DE VELOCIDADE	RESULTADO
Velocidade Ppm	(1.437 : tempo em minutos)	

Gabaritos:

Exercício 1
1-a
2-e
3-b
4-c
5-b
6-b
7-d
8-d
9-c
10-b

Exercício 2
1-c
2-b
3-c
4-a
5-c
6-d
7-b
8-a
9-b
10-c

Exercício 3
1-c
2-b
3-d
4-b
5-a
6-c
7-a
8-d
9-a
10-c

Exercício 4
1-a
2-e
3-c
4-b
5-d
6-e
7-b
8-d
9-b
10-d

Exercício 5
1-b
2-d
3-c
4-a
5-b
6-c
7-a
8-b
9-a
10-d

Referências

ABNT. Associação Brasileira de Normas Técnicas nº 18/1988. *Normas bibliográficas.* Rio de Janeiro: ABNT, 1988.
ADLER, Mortmer J.; DOREN, Charles Van. *Como ler um livro.* Rio de Janeiro: Editora Guanabara, 1990.
ALLENDE, Felipe; CONDEMARIN, Mabel. *Leitura, teoria, avaliação e desenvolvimento.* Porto Alegre: Artes Médicas, 1987.
BELLENGER, Lionel. *Os métodos de leitura.* Rio de Janeiro: Jorge Zahar Editores, 1979.
BUZAN, Tony. *El Libro de la lectura rápida.* Barcelona: Urano, 1998.
CARNEGIE, Dale. *Como fazer amigos e influenciar pessoas.* 52. ed. São Paulo: Companhia Editora Nacional, 2012.
CONDEMARIN, Mabel. *Dislexia:* manual de leitura corretiva. Porto Alegre: Artes Médicas, 1989.
CUTLER, E. Wade. *Triple your reading speed.* New York: Arco Publishing, INC, 1985.
DEESE, James; DEEE, Ellin K. *Como estudar.* Rio de Janeiro: Freitas Bastos, 1990.
DOUGLAS, William. *Como passar em provas e concursos.* 28. ed. Niterói: Impetus, 2013.
HÜHNE, Leda Miranda. *Metodologia científica:* caderno de textos e técnicas. Rio de Janeiro: Agir, 1989.
KALATOS, Eva Maria; MARCONI, Maria de Andrade. *Fundamentos de metodologia científica.* São Paulo: Atlas, 1997.
MARTINS, Maria Helena. *O que é leitura.* São Paulo: Brasiliense, 1985.
MORGAN, Clifford Thomas. *Introdução à psicologia.* São Paulo: McGraw-Hill do Brasil, 1977.
MOSCOVICI, Fela. VI Encontro de Desburocratização. *Anais*; Curitiba, 1987.
PENTEADO, José Roberto Whitaker. *A técnica da comunicação humana.* São Paulo: Biblioteca Pioneira de Administração e Negócios, 1997.
SANTOS, Ezequiel Estevam dos. *Textos selecionados de métodos e técnicas de pesquisa científica.* Niterói: Impetus, 2002.
SILVA, Ezequiel Teodoro da. *O ato de ler:* fundamentos psicológicos para uma nova pedagogia. São Paulo: Cortez Editora, 1984.
SUN TZU. *A arte da guerra.* Rio de Janeiro: Record, 1999.
TEIXEIRA, Elson; MACHADO, Andréa. *Leitura dinâmica e memorização.* São Paulo: Makron Books, 1993.

DESIDERATA

Ande placidamente entre o barulho e a pressa e lembre-se de que a paz pode existir no silêncio. Mantenha-se em bons termos com todas as pessoas tanto quanto possível sem se render. Diga a sua verdade tranquila e claramente e ouça os outros, mesmo os obtusos e ignorantes, eles também têm a sua história. Evite as pessoas ruidosas e agressivas sem vexações ao espírito. Se você se comparar com os outros poderá tornar-se vaidoso e amargo, pois sempre haverá pessoas maiores e menores que você.

Desfrute das suas realizações como também de seus planos. Mantenha-se interessado na sua própria carreira por humilde que seja; é uma verdadeira posse nas mutações do destino.

Seja prudente nos negócios, pois o mundo está cheio de trapaças. Mas não deixe isso tornar você cego à virtude; muitas pessoas lutam por altos ideais e em toda parte a vida está cheia de heroísmo.

Seja você mesmo. E sobretudo não finja afeição. Também não seja cínico a respeito do amor, pois acima de toda a aridez e desencanto ele é tão perene quanto a relva. Recolha mansamente o conselho dos anos, renunciando graciosamente às coisas da juventude. Nutra sua força espiritual para que o proteja da desgraça repentina. Porém, não se aflija com coisas imaginárias; muitos temores nascem da fadiga e da solidão. Junto a uma disciplina saudável, seja gentil para consigo mesmo. Você é uma criatura do universo, não menos que as árvores e as estrelas. Você tem o direito de estar aqui e, seja evidente ou não para você, o universo sem dúvida se desenvolve como deve. Portanto, esteja em paz com Deus e, quaisquer que sejam os seus trabalhos e aspirações, mantenha-se em paz com a sua alma. Com todos os seus fingimentos, trabalhos e sonhos desfeitos, este continua sendo um mundo bonito.

Tome cuidado, esforce-se para ser feliz!

Max Ehrmann

EHRMANN, Max. *Poemas de Max Ehrmann*. Bruce Humphries Publishing Company, Boston, 1948. Escrito em 1927 e publicado pela primeira vez em material devocional da Igreja de Saint Paul em 1956.

ENTREVISTA COM DEUS[28]

Sonhei que tinha marcado uma entrevista com DEUS.
– Entre – falou DEUS. – Então, você gostaria de ME entrevistar?
– Se Você tiver um tempinho – disse eu.
– DEUS sorriu e falou:
– Meu tempo é eterno, suficiente para fazer todas as coisas; que perguntas você tem em mente?
– O que mais O surpreende na humanidade? – perguntei.
– DEUS respondeu:
– Que se aborreçam de ser crianças e queiram logo crescer... e aí desejem ser crianças outra vez.
– Que desperdicem a saúde para fazer dinheiro e aí percam dinheiro para restaurar a saúde.
– Que pensem ansiosamente sobre o futuro, esqueçam o presente e, dessa forma, não vivam nem o presente, nem o futuro.
– Que vivam como se nunca fossem morrer e que morram como se nunca tivessem vivido.

Em seguida, a mão de DEUS segurou a minha e por um instante ficamos silenciosos; então eu perguntei:
– PAI, quais as lições de vida que VOCÊ quer que SEUS filhos aprendam?
Com um sorriso, DEUS respondeu:
– Que aprendam que não podem fazer com que ninguém os ame.
– O que podem fazer é que se deixem amar.
– Que aprendam que o mais valioso não é o que se tem na vida, mas quem têm na vida.
– Que aprendam que não é bom que se comparem uns com os outros. Todos serão julgados individualmente sobre seus próprios méritos, não como um grupo na base da comparação!
– Que aprendam que uma pessoa rica não é a que tem mais, mas a que precisa menos.
– Que aprendam que bastam alguns segundos para abrir profundas feridas nas pessoas amadas e que são necessários muitos anos para curá-las.
– Que aprendam a perdoar, praticando o perdão.
– Que aprendam que há pessoas que os amam muito, mas que simplesmente não sabem como expressar ou demonstrar seus sentimentos.
– Que aprendam que dinheiro pode comprar tudo, exceto felicidade.
– Que aprendam que duas pessoas podem olhar para a mesma coisa e vê-la totalmente diferente.
– Que aprendam que um amigo verdadeiro é alguém que sabe tudo sobre eles e gosta deles mesmo assim.

---

[28] Texto de autoria desconhecida, recebido pela internet, aqui publicado com pequenas alterações.

– Que aprendam que não é suficiente que eles sejam perdoados, mas que perdoem a si mesmos.

Por um tempo, permaneci sentado, desfrutando aquele momento.

Agradeci a ELE pelo SEU tempo e por todas as coisas que ELE tem feito por mim e pela minha família. ELE respondeu:

– Não tem de quê. Estou em todos os lugares, 24 horas por dia. Tudo o que você tem a fazer é chamar por mim e EU, no meu tempo e modo, lhe responderei.

Visite o site:
www.williamdouglas.com.br

Redes sociais:
facebook.com/paginawilliamdouglas
twitter.com/site_wd
youtube.com/sitewilliamdouglas
instagram.com/williamdouglas

Ricardo Soares
einesquecivel@gmail.com

William Douglas
www.williamdouglas.com.br
Instagram: @williamdouglas

Rua Alexandre Moura, 51
24.210-200 – Gragoatá – Niterói – RJ
Telefax: (21) 2621-7007

www.impetus.com.br

Esta obra foi impressa em papel offset 75 g/m²